女子栄養大学出版部

はじめに

　私の「大さじ、小さじ」との出合いは……。料理に興味を持ち始めた小学校低学年のころ、子ども向けの料理絵本を図書館で借りて読む（見る？）のが好きで、"材料の量の単位"として知ったのが最初だと思います。

　当時、わが家では、家族の誕生日ケーキは母がスポンジケーキを焼き、果物や生クリームでデコレーションをしていたのですが、その手伝いをしているときに、小麦粉や卵、砂糖などの量に対して、ベーキングパウダーがたったの小さじ1でふくらむことに驚きました。

　のちに、ベーキングパウダーは粉の重量に対して2〜2.5%が適量だと知りました。だれが作っても、ふっくらとしたスポンジケーキができる目安が「小さじ1」だったというわけです。

　「大さじ、小さじ」は、栄養士や料理研究家にとっては「伝える物差し」で、読者や作る人にとっては「再現する物差し」です。だれもが同じような料理を作る目的のほか、病気の予防や改善の食事作りにも、なくてはならない物差しです。特に、

健康的な食事は継続できることが大事です。そのためには、お
いしいことが絶対。たとえば、塩分が少なくてもおいしく食べ
られる味つけは、材料の重量に対して調味料がどのくらいの割
合（調味パーセント）かで決まります。

　その、おいしい味つけの調味パーセントをベースに、本書で
は「大さじ、小さじ」できりのよい分量を決めました。この物
差しどおりに作っていただければ、おいしく再現することがで
きます。

　大さじ1、小さじ1単位のレシピは、近ごろ人気の"黄金比"
と呼ばれるレシピと同じだといえます。しょうゆや酢、砂糖、
みりん、みそなどの、家庭料理で使う定番の調味料を、大さじ、
小さじの簡単な黄金比で組み合わせたところ、和風、洋風、中
国風のバリエーション豊かな味になりました。とはいえ、味に
はそれぞれ好みがあるので、黄金比を基にアレンジをして、ご
自分の味を見つけ、それをご家族、ご友人や知人に伝えていた
だければなによりです。

　　　　　　　　　　　　　　　　　　　　　牧野直子

目次

はじめに ……………………………………………………………………… 2

大さじ 小さじとは？ ………………………………………………………… 6
　おもな材料の大さじ・小さじの重量／計量カップ・スプーンの正しい使い方／
　標準計量カップ・スプーンによる重量表（実測値）

本書の見方／料理レシピの見方 …………………………………………… 10

しょうゆベース

照り焼き味 ……………………………………………………………… 12
豚肉のしょうが焼き／牛肉とごぼうの甘辛煮／鶏肉の照り焼き／肉じゃが／
親子丼／サケの柚庵焼き／サバの利久煮／キンメダイの煮つけ／刺し身の漬
け丼／ひじき煮／きのこのしぐれ煮／きんぴらごぼう／なすの揚げ浸し／小松
菜の卵とじ／味玉／肉豆腐／鶏肉と根菜の炊き込みごはん

から揚げ味 ……………………………………………………………… 30
鶏肉のから揚げ／ブリのから揚げ／カツオのから揚げ

万能しょうゆ …………………………………………………………… 34
だし巻き卵／ほうれん草とえのきたけの煮浸し／菜の花のからしあえ／グリー
ンアスパラガスのごまあえ

みそベース

西京みそ味 ……………………………………………………………… 40
豚肉のみそ漬け焼き／鶏肉のみそヨーグルトいため／ラム肉のガーリックみそ
いため／サワラの西京焼き風／カジキのヨーグルトカレーいため／スティック
野菜のヨーグルトディップ添え／長芋のぬか漬け風

麻婆味 …………………………………………………………………… 48
肉みそ／チーズタッカルビ風／サケとキャベツのみそバターいため／なべしぎ
／里芋のみそいため／麻婆豆腐／麻婆はるさめ

田楽みそ（まとめ作り）………………………………………………… 56
ふろふき大根／大根の皮のきんぴら（皮は捨てずにもう一品）／田楽豆腐／
揚げなす田楽／みそこんにゃく／田楽みそ

みそマヨ味 ……………………………………………………………… 62
鶏肉のみそマヨ焼き／タイのみそマヨホイル焼き／じゃが芋とブロッコリーの
ホットサラダ／厚揚げとかぶのみそマヨいため

オイスターソースベース

チンジャオ味 …………………………………………………………… 68
チンジャオロース―／春巻き／シーフードと白菜のいため物／あんかけ焼きそ
ば／レタスと卵のいため物

4

オイマヨ味 ··· 74
豚しゃぶ／焼きうどん／カキとれんこんのピリ辛オイマヨいため

コラム 同じ調味料でも種類はいろいろ ····························· 78

トマトケチャップベース

ハンバーグソース味 ·· 80
ポークチャップ／ハンバーグ／鶏肉のトマト煮／スペアリブのマーマレード焼き
／スパゲティナポリタン

オーロラソース味 ··· 86
エビマヨいため／コブサラダ／コールスロー／フライドポテト オーロラソース添え

酢ベース

甘酢味 ··· 92
酢豚／あんかけカニたま／タラの甘酢あんかけ

酢みそ味 ·· 96
マグロの酢みそあえ／竹の子の酢みそあえ／ホタルイカとうどの酢みそあえ

万能酢（まとめ作り） ·· 100
鶏手羽元の甘酢煮／きゅうりとわかめの酢の物／紅白なます／アナゴちらし
／万能酢

ポン酢しょうゆ（まとめ作り） ··· 106
ポン酢しょうゆ／豚肉の南蛮漬け／サケの焼き浸し

いろいろドレッシング（番外編） ······································· 108
基本のドレッシング／キャロットラペ クミン風味／豆のマリネ／ニソワーズサ
ラダ／カルパッチョ

献立例 ··· 112

レシピの常識を変えた計量器

大さじ 小さじ 誕生秘話 ··· 116

栄養成分値一覧 ··· 122

主材料別索引 ·· 126

だれでも同じ味が作れる道具

大さじ 小さじ とは？

　料理のレシピに、かならずといってよいほど登場する「大さじ」「小さじ」。調味料など少量のものを計量するのに、正確でとても便利な道具です。

　ひと昔前――昭和の初めごろのレシピを見ると、「（調味料）ほどほどに加えて、味わってみておいしい味に」などとあり、1度習っただけでは再現が困難でした。

　時を経て、「大さじ」「小さじ」と呼ばれる計量スプーンと、200mL容量の計量カップが使われるようになりました。それらによって、「ほどほどに」などあいまいだったレシピが数値化され、いつでもだれでも、同じ味を作ることができるようになりました。

　計量スプーンや計量カップは、レシピの常識を変える道具たちでした。

→計量カップ・スプーン誕生のお話は116ページへ！

容量と重量

　食品の容量（mL）と重量（g）は同じではありません。たとえば、「大さじ」はどの食品の場合も容量は15mLですが、重さはそれぞれ違います。なぜなら、比重（水に対する重さの比率）が異なるからです。

　水は、容量15mLで重量は15gです。水より重いしょうゆは、容量15mLで重量は18gになります。水より軽い油では、容量15mLで重量は12gに、砂糖は容量15mLで重量は9gになります。

おもな材料の大さじ・小さじの重量

計量カップ・スプーンの\正しい/使い方

液体を計る

しょうゆ、酒、みりん、油など液状のものは、表面張力で液体が盛り上がるくらいに入れます。

スプーンを水平に持ち、表面が盛り上がるくらいまで液体を注ぎ入れる。

カップの場合も同様に。カップを平らな所に置き、表面張力で表面が盛り上がるくらいまで液体を注ぎ入れる。

粉末のものを計る

砂糖、小麦粉など粉状のものは、ふんわりと盛り、すり切り用へらで平らにすり切ります。

まず、かたまりのない状態でふんわりと山盛りにすくう（押しつけたりしないことがポイント）。次に、すり切り用へらの柄の部分を垂直に立てて、端から平らにすり切る（菜箸などを代用してもよい）。

みそを計る

すき間ができないようにみそを山盛りにすくい、すり切る。

粒のものを計る

米やあずきをカップで計る場合は、いっぱいにすくって底の部分を軽くたたき、すき間がないようにしてすり切る。

\ちなみに/ 1/2の計り方

すり切り用へらの曲線の部分（大さじ、小さじ、ミニスプーンのサイズに合った部分）を真ん中にまっすぐ立てて入れ、半分を払い除く。

液体の場合は、スプーンを水平に持ち、深さの2/3まで注ぎ入れるとほぼ1/2の量になる。

\ここに注意!/

不要な部分を払い除くときは、へらの曲線部分を寝かせて入れないようにする。また、大さじ、小さじ、ミニスプーンの曲線に合うサイズを選ばないと、正確に計れない。

標準計量カップ・スプーンによる重量表 (g) 実測値

食品名	小さじ (5mL)	大さじ (15mL)	カップ (200mL)
水・酒・酢	5	15	200
あら塩（並塩）	5	15	180
食塩・精製塩	6	18	240
しょうゆ（濃い口・うす口）	6	18	230
みそ（淡色辛みそ）	6	18	230
みそ（赤色辛みそ）	6	18	230
みりん	6	18	230
砂糖（上白糖）	3	9	130
グラニュー糖	4	12	180
はちみつ	7	21	280
メープルシロップ	7	21	280
ジャム	7	21	250
油・バター	4	12	180
ラード	4	12	170
ショートニング	4	12	160
生クリーム	5	15	200
マヨネーズ	4	12	190
ドレッシング	5	15	—
牛乳（普通牛乳）	5	15	210
ヨーグルト	5	15	210
脱脂粉乳	2	6	90
粉チーズ	2	6	90
トマトピュレ	6	18	230
トマトケチャップ	6	18	240
ウスターソース	6	18	240
中濃ソース	7	21	250
わさび（練り）	5	15	—
からし（練り）	5	15	—
粒マスタード	5	15	—
カレー粉	2	6	—

食品名	小さじ (5mL)	大さじ (15mL)	カップ (200mL)
豆板醤・甜麺醤	7	21	—
コチュジャン	7	21	—
オイスターソース	6	18	—
ナンプラー	6	18	—
めんつゆ（ストレート）	6	18	230
めんつゆ（3倍濃縮）	7	21	240
ポン酢しょうゆ	6	18	—
焼き肉のたれ	6	18	—
顆粒だしのもと（和洋中）	3	9	—
小麦粉（薄力粉・強力粉）	3	9	110
小麦粉（全粒粉）	3	9	100
米粉	3	9	100
かたくり粉	3	9	130
上新粉	3	9	130
コーンスターチ	2	6	100
ベーキングパウダー	4	12	—
重曹	4	12	—
パン粉・生パン粉	1	3	40
すりごま	2	6	—
いりごま	2	6	—
練りごま	6	18	—
粉ゼラチン	3	9	—
煎茶・番茶・紅茶（茶葉）	2	6	—
抹茶	2	6	—
レギュラーコーヒー	2	6	—
ココア（純ココア）	2	6	—
米（胚芽精米・精白米・玄米）	—	—	170
米（もち米）	—	—	175
米（無洗米）	—	—	180

◦ 胚芽精米・精白米・玄米 1 合（180mL）= 150 g
◦ もち米 1 合（180mL）= 155 g
◦ 無洗米 1 合（180mL）= 160 g

◦ あら塩（並塩）ミニスプーン（1mL）= 1.0 g
◦ 食塩・精製塩 ミニスプーン（1mL）= 1.2 g
◦ しょうゆ ミニスプーン（1mL）= 1.2 g

2017 年 1 月改訂

本書の見方

ベースにした調味料は、しょうゆ、みそ、オイスターソース、トマトケチャップ、酢の5つです。

ベースの調味料＋別の調味料で「基本の味」になります。「照り焼き味」「から揚げ味」「西京みそ味」など、味がイメージできる名称をつけました。

「基本の味」（2人分）は「1/2」「1/4」といった細かい分量を省きました。きりよく計りやすくて便利です。

一部の料理はプロセスを追った作り方を紹介。失敗なく作ることができます。

基本の味＋αでレパートリーがさらに広がります。

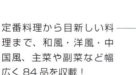

定番料理から目新しい料理まで、和風・洋風・中国風、主菜や副菜など幅広く84品を収載！

料理レシピの見方

- レシピの重量は、正味重量（皮、骨、殻、芯などの食べない部分を除いた、実際に口に入る重さ）で示しています。
- 1カップは200mL、大さじ1は15mL、小さじ1は5mL、ミニスプーンは1mLです（標準計量カップ・スプーンによる重量表は9ページ）。
- 塩は「小さじ1＝6g」のものを使用しました。
- フライパンはフッ素樹脂加工のものを使用しました。
- 電子レンジは600Wのものを使用しました。お使いの電子レンジのワット数がこれよりも大きい場合は加熱時間を短めに、小さい場合は長めにしてください。

しょうゆ

甘味、酸味、塩味、うま味を
バランスよく含むしょうゆ。
組み合わせる調味料によって、さらに深い味わいに。

- 照り焼き味
- から揚げ味
- 万能しょうゆ

しょうゆベース

照り焼き味

しょうゆとみりんでつやよく仕上げます。しょうがや柑橘類の汁などを加えると、料理の幅が広がります。

大1 しょうゆ ・ 大1 酒 ・ 大1 みりん

ごはんが進む、家庭料理の定番。
みりんですっきりとした甘味になります。

豚肉のしょうが焼き

照り焼き味

しょうゆ 大1 + 酒 大1 + みりん 大1 + しょうが汁 大1

材料／2人分

豚ロース肉（しょうが焼き用）……200g
小麦粉……………………………適量
サラダ油…………………………大さじ1
a ┌ しょうゆ………………………大さじ1
  │ 酒………………………………大さじ1
  └ みりん…………………………大さじ1
しょうがの搾り汁………………大さじ1
キャベツ（せん切り）……………50g

1人分355kcal　食塩相当量1.4g

作り方

❶ 豚肉は小麦粉を薄くまぶし（写真A）、余分な粉をはたき落とす。
❷ aとしょうが汁は混ぜ合わせる。
❸ フライパンに油を中火で熱し、①を入れて両面を約2分ずつ焼き、②をまわし入れて肉にからめながら煮つめる（写真B、C）。
❹ 器に③とキャベツを盛り合わせる。

しょうゆベース　照り焼き味

多めに作って常備菜にするのもおすすめ。
豚こま切れ肉やねぎで作っても◎

牛肉とごぼうの甘辛煮

照り焼き味

材料／2人分

牛切り落とし肉	150g
ごぼう	50g
玉ねぎ	1/4個（50g）
サラダ油	大さじ1
こんぶだし	1/4カップ
a　しょうゆ	大さじ1
酒	大さじ1
みりん	大さじ1
しょうが（せん切り）	小1かけ

1人分318kcal　食塩相当量1.4g

作り方

❶ 牛肉は3〜4cm幅に切る。
❷ ごぼうは皮を洗い、笹がきにしながら水を張ったボールに入れ、切り終わったらざるにあげて水けをきる。玉ねぎは繊維に沿って薄切りにする。
❸ フライパンに油を中火で熱して②をいため、しんなりとなったら①を加え、肉の色が変わるまでいためる。
❹ だし、a、しょうがを加え、落としぶたをして汁けがなくなるまで煮る。
・好みで七味とうがらしをふるのもよい。

しょうゆベース

照り焼き味

砂糖で甘味をプラスして。
淡泊な味の鶏肉にメリハリをつけます。

鶏肉の照り焼き

大1 しょうゆ　大1 酒　大1 みりん　＋　小1 砂糖

照り焼き味

材料／2人分

鶏もも肉※	小1枚（250g）
ししとうがらし	6本（24g）
サラダ油	大さじ1
a　しょうゆ	大さじ1
酒	大さじ1
みりん	大さじ1
砂糖	小さじ1

1人分318kcal　食塩相当量1.6g
※カジキやブリでもおいしい。

作り方

❶ 鶏肉は2等分し、皮側をフォークで刺す。ししとうは切り目を入れる。
❷ aと砂糖は混ぜ合わせる。
❸ フライパンに1/3量の油を中火で熱し、ししとうをさっといためてとり出す。
❹ 残りの油を熱し、鶏肉を皮目を下にして入れる。肉の厚みの半分以上が白くなったら裏返し、ふたをして弱火で2分焼く。❷をまわし入れ、煮つめる。
❺ 食べやすい大きさに切って器に盛り、❸を添える。

15

・写真は2人分

牛肉を豚こま切れ肉にかえると関東風に。
さやいんげんを彩りに。さやえんどうでもOK。

肉じゃが

材料／2人分×2回

牛切り落とし肉	200g
じゃが芋	2個(270g)
にんじん	1/2本(75g)
玉ねぎ	1/2個(100g)
さやいんげん	4本(28g)
サラダ油	大さじ1
こんぶだし	1と1/2カップ
a しょうゆ	大さじ2
a 酒	大さじ2
a みりん	大さじ2

1人分251kcal 食塩相当量1.5g

照り焼き味（2人分×2回）

作り方

❶ 牛肉は3〜4cm幅に切る。
❷ じゃが芋とにんじんは一口大の乱切りに、玉ねぎはくし形切りにする。
❸ いんげんはゆでて3〜4cmに切る。
❹ フライパンに1/2量の油を中火で熱し、牛肉をさっといためてとり出す。
❺ 残りの油を熱して❷をいためる。❹を戻し入れ、だしとaを加えて落としぶたをし、弱めの中火で10〜15分煮る。
❻ 芋に竹串がすっと通ったらふたをはずし、❸を加えて汁けをとばす。

しょうゆベース　照り焼き味

卵の黄身を最後にのせて軽く加熱。
黄身をくずしながら食べる醍醐味もあります。

親子丼

大2 しょうゆ ＋ 大2 酒 ＋ 大2 みりん ＋ 大1 砂糖

照り焼き味

材料／2人分

卵	4個
鶏もも肉	150g
玉ねぎ	1/2個（100g）
だし	大さじ10※
a しょうゆ	大さじ2
酒	大さじ2
みりん	大さじ2
砂糖	大さじ1
三つ葉（1cm長さに切る）	2〜3本
温かいごはん	400g

1人分669kcal　食塩相当量3.2g
※大さじ10＝3/4カップ（150g）

作り方

❶ 鶏肉は小さめの一口大に切る。玉ねぎは繊維に沿って薄切りにする。
❷ 小なべにだし、a、砂糖を入れて中火にかけ、煮立ったら❶を加えて4〜5分煮る。
❸ 卵1個は卵黄と卵白に分け、この卵白と別の卵1個を合わせてときほぐす（1人分）。もう1人分も同様に作る。
❹ 1人分ずつ作る。フライパンに❷の半量を入れて中火にかけ、煮立ったら❸のときほぐした卵をまわし入れる。半熟状になったら三つ葉の半量を散らし、卵黄1個をのせてふたをし、火を消す。
❺ 器に半量のごはんを盛り、❹をのせる。
❻ ❹❺をくり返し、もう1人分も作る。
・好みで粉ざんしょうをふるのもよい。

「柚庵」の名前の由来はゆず果汁を使うから。
サワラやブリでもおいしく作れます。

サケの柚庵焼き

照り焼き味

材料／2人分

生ザケ		2切れ（200g）
a	しょうゆ	大さじ1
	酒	大さじ1
	みりん	大さじ1
ゆず果汁		小さじ1
サラダ油		小さじ2
おろし大根		30g
青じそ		2枚

1人分183kcal　食塩相当量1.5g

作り方

❶ aとゆず果汁を混ぜ合わせてサケにからめ、30分ほどおく。サケをとり出し、キッチンペーパーで汁けをふきとる（つけ汁はとりおく）。

❷ フライパンに油を中火で熱し、サケを入れて両面を2～3分ずつ焼き、火を通す。

❸ サケを端に寄せ、フライパンのよごれをキッチンペーパーでふきとり、①のつけ汁を加えて煮つめながらサケにからめる。

❹ 器に盛り、手前に青じそを置き、おろし大根をのせる。

しょうゆベース　照り焼き味

利休煮の別名は「ごま煮」。
その香味はサケやブリにも合います。

サバの利久煮

材料／2人分

サバ	半身1枚（140g）
こんぶだし	1/2カップ
a しょうゆ	大さじ1
酒	大さじ1
みりん	大さじ1
練り白ごま	大さじ1
しょうが（せん切り）	小1かけ
水菜（ゆでる）	1株（50g）

1人分233kcal　食塩相当量1.6g

大さじ1 しょうゆ ／ 大さじ1 酒 ／ 大さじ1 みりん ＋ 大さじ1 練り白ごま
照り焼き味

作り方

❶ サバは長さを半分に切り、皮目に十字の切り目を入れる。

❷ フライパンにだしとaを入れて中火で煮立て、サバとしょうがを加える。煮汁をかけながら2～3分煮て落としぶたをし、火を弱めて10分ほど煮る。

❸ 練りごまを煮汁少量でのばし、❷に加えてサバにからめる。

❹ 器にサバを盛り、水菜を2～3cm長さに切って添え、全体に煮汁をかける。

つけ合わせのごぼうもいっしょに煮ます。
タイやカレイも煮つけに向く魚です。

キンメダイの煮つけ

照り焼き味

材料／2人分

キンメダイ	2切れ（200g）※
ごぼう	15㎝（60g）
水	1/2カップ
a しょうゆ	大さじ1
a 酒	大さじ1
a みりん	大さじ1
砂糖	小さじ1
しょうが（せん切り）	小1かけ

1人分190kcal 食塩相当量1.4g
※骨つきで約260g。

作り方

❶ キンメダイは皮目に十字の切り目を入れる。
❷ ごぼうは長さを4等分に切って熱湯でゆで、めん棒などでたたいて割る。
❸ 直径20㎝のフライパンに分量の水、a、砂糖を入れて中火にかけ、煮立ったら①と②、しょうがを加えて落としぶたをし、弱火で10分ほど煮る。
❹ 器にキンメダイを盛ってごぼうを添え、全体に煮汁をかける。

しょうゆベース　照り焼き味

漬け汁は煮立ててアルコールをとばします。
サケ、ブリ、タイなど、好みの刺し身で。

刺し身の漬け丼

大1 しょうゆ　大1 酒　大1 みりん

照り焼き味

材料／2人分

- マグロ（赤身・刺し身）……… 50g
- イカ（刺し身）……………… 50g
- ホタテ貝柱（刺し身）…… 4個（120g）
- a
  - しょうゆ ………………… 大さじ1
  - 酒 ………………………… 大さじ1
  - みりん …………………… 大さじ1
- ごはん ……………………… 400g
- 焼きのり ………………… 全型1/2枚
- 青じそ ……………………… 4枚
- 小ねぎ（小口切り）………… 少量
- いり白ごま ………………… 少量

1人分443kcal　食塩相当量1.6g

作り方

❶ 小なべにaを入れて中火にかけ、ひと煮立ちしたら火を消し、さめるまでおく。

❷ 刺し身3種を❶に入れてからめ、30分以上おく。

❸ 器にごはんを盛り、のりをちぎって散らす。青じそをのせて❷の刺し身を盛り合わせ、小ねぎとごまを散らす。

カルシウムや食物繊維がとれるおなじみの一品。
作りおきにも向きます。

ひじき煮

照り焼き味（2人分×2回）

材料／2人分×2回

芽ひじき	乾10g
油揚げ	1/2枚（10g）
にんじん	30g
生しいたけ	大1枚（20g）
サラダ油	小さじ1
だし	1/2カップ
a　しょうゆ	大さじ1
酒	大さじ1
みりん	大さじ1

1人分36kcal　食塩相当量0.7g

作り方

❶ 芽ひじきは袋の表示に従ってもどし、ざるにあげて水けをきる。
❷ 油揚げは短冊切りにし、にんじんは3cm長さの短冊切りにする。しいたけは石づきを除いて薄切りにする。
❸ フライパンに油を中火で熱し、ひじき、にんじんをいためる。油がまわったら油揚げとしいたけを加えてさっといためる。
❹ だしとaを加え、落としぶたをして火を弱め、ときどき混ぜながら7〜8分煮る。

ゆでた青菜とあえたり、パスタやうどんの具にしたり。
もちろんそのまま食べてもおいしい。

きのこのしぐれ煮

照り焼き味（2人分×2回）

材料／2人分×2回

なめこ	1パック（100g）
しめじ類※	小1パック（90g）
えのきたけ	小1パック（85g）
a　しょうゆ	大さじ1
酒	大さじ1
みりん	大さじ1
しょうが（せん切り）	小1かけ

1人分27kcal　食塩相当量0.7g

※まいたけに変更可能。

作り方

❶ なめこは水でさっと洗い、ざるにあげて水けをきる。しめじは石づきを除いてほぐす。えのきたけは根元を切り落とし、1〜1.5cm長さに切ってほぐす。
❷ なべに①、a、しょうがを入れて中火にかけ、ときどき混ぜながら、量が半分くらいになり、状態がとろりとなるまで煮る。

しょうゆベース　照り焼き味

うす味にしてごぼうの香味を生かします。
しっかりよく噛んで味わって。

きんぴらごぼう

照り焼き味（2人分×2回）

材料／2人分×2回
ごぼう	1本（200g）
にんじん	1/3本（50g）
ごま油	大さじ1
a ┌ しょうゆ	大さじ1
│ 酒	大さじ1
└ みりん	大さじ1
赤とうがらし（小口切り）	1/2本
いり白ごま	少量

1人分74kcal　食塩相当量0.7g

作り方
❶ ごぼうは皮を洗い、斜め薄切りにしてからせん切りにする。水にさらしてアクを除き、水けをきる。にんじんは斜め薄切りにし、せん切りにする。
❷ aは混ぜ合わせる。
❸ フライパンにごま油を中火で熱し、①をいためる。油がまわったらふたをし、弱火で約10分蒸し煮にする。
❹ 根菜がやわらかくなったら②と赤とうがらしを加え、汁けがなくなるまでいためる。仕上げにごまを加え混ぜる。

パプリカやズッキーニ、ししとうがらし、
ピーマンなどの素揚げをいっしょに浸しても。

なすの揚げ浸し

照り焼き味

材料／2人分
なす	3本（210g）
揚げ油	
だし	1カップ
a ┌ しょうゆ	大さじ1
│ 酒	大さじ1
└ みりん	大さじ1
白髪ねぎ※	好みで10g

1人分171kcal　食塩相当量1.4g

※白髪ねぎのように細く切ったねぎのこと。4～5cm長さのねぎに切り込みを入れて芯の部分を除き、繊維に沿ってせん切りにして水にさらし、パリッとさせる。

作り方
❶ なすはへたを除いて縦半分に切り、斜めに2～3mm間隔に浅い切り目を入れ、一口大に切る。
❷ なべにだしとaを入れて中火にかけ、煮立ったら火を消し、あら熱がとれるまでおく。
❸ 油を180℃に熱し、①のなすを入れて2～3分揚げ、油をきって②に入れてからめる。
❹ 汁ごと器に盛り、白髪ねぎを飾る。

しょうゆベース　照り焼き味

・写真は2人分

緑黄色野菜の小松菜を具にした卵とじ。
朝食にもおすすめです。

小松菜の卵とじ

照り焼き味

材料／2人分
- 卵 ……………………………… 2個
- 小松菜 ……………………… 2株（100g）
- だし ………………………… 大さじ6
- a
  - しょうゆ …………………… 大さじ1
  - 酒 ………………………… 大さじ1
  - みりん …………………… 大さじ1
- 七味とうがらし ……………………… 少量

1人分97kcal　食塩相当量1.6g

作り方
❶ 小松菜は3〜4cm長さに切る。
❷ 直径20cmのフライパンにだしとaを入れて中火にかけ、煮立ったら小松菜を加えてしんなりとなるまで煮る。
❸ 卵を割りほぐしてまわし入れ、弱火にしてふたをし、好みのかたさになるまで煮る。
❹ 器に盛り、七味とうがらしをふる。

しょうゆベース 照り焼き味

サラダに、サンドイッチに、めんのトッピングに。
刻んでチャーハンの具にしても。

味玉

照り焼き味（6個分）

材料／6個分
卵	6個
a しょうゆ	大さじ2
a 酒	大さじ2
a みりん	大さじ2

1個分81kcal　食塩相当量0.9g

作り方
❶ 卵は好みのかたさにゆで、殻をむく。
❷ 小なべにaを入れて中火にかけ、煮立ったら火を消し、さめるまでおく。
❸ 密閉できる保存袋に❶と❷を入れ、袋の空気を抜いて口を閉じる。冷蔵庫に一晩以上おく。

・冷蔵で1週間保存できる。

・写真は2人分

豚肉を牛切り落とし肉に、まいたけをしめじ類に。
冷蔵庫にある食材に入れかえOKです。

肉豆腐

照り焼き味

材料／2人分

豚こま切れ肉	200g
もめん豆腐	1丁（300g）
ねぎ	1本（150g）
まいたけ	小1パック（90g）
サラダ油	大さじ1
だし	大さじ10※
a しょうゆ	大さじ2
a 酒	大さじ2
a みりん	大さじ2

1人分485kcal　食塩相当量2.8g
※大さじ10＝3/4カップ（150g）

作り方

❶ 豆腐はキッチンペーパー2枚に包み、耐熱皿にのせて電子レンジ（600W）で3分加熱し、水けをきる。4等分に切る。

❷ ねぎは2cm幅の斜め切りにし、まいたけは石づきを除いてほぐす。

❸ フライパンに1/2量の油を中火で熱し、豚肉を入れて色が変わるまでいため、とり出す。

❹ 同じフライパンに残りの油を熱し、ねぎをしんなりとなるまでいため、だしとaを加えて煮立てる。豆腐とまいたけを加え、再び煮立ったら❸を戻し入れ、さっと煮る。

しょうゆベース　照り焼き味

身近な材料の組み合わせなのに特別感あり。
それが炊き込みごはんの魅力です。

鶏肉と根菜の炊き込みごはん

照り焼き味（2人分×2回）

材料／2人分×2回

米	2合（300g）
鶏もも肉	200g
塩	少量
ごぼう	50g
にんじん	50g
干ししいたけ	2枚
干ししいたけのもどし汁	大さじ2
a しょうゆ	大さじ2
a 酒	大さじ2
a みりん	大さじ2

1人分385kcal　食塩相当量1.5g

作り方

❶ 米は洗い、ざるにあげて水けをきる。
❷ 鶏肉は小さめの一口大に切って塩をふる。ごぼうは皮を洗い、笹がきにしながら水を張ったボールに入れ、切り終わったらざるにあげる。にんじんは3cm長さの短冊切りにする。
❸ 干ししいたけは水でもどし、石づきを除いて薄く切る（もどし汁はとりおく）。
❹ 炊飯器の内釜に①、干ししいたけのもどし汁、aを入れ、2合の目盛りまで水を加えてさっと混ぜる。②と③をのせ、普通に炊く。

しょうゆベース
から揚げ味

しょうゆと酒で「から揚げ味」に。
その名のとおり、鶏肉のから揚げにいちばん合う味です。

大1 しょうゆ / 大1 酒

・写真は2人分

外はカリッ、中はジューシー。
にんにくを入れることで、さめてもおいしく。

鶏肉のから揚げ

から揚げ味 = しょうゆ大1 + 酒大1 + しょうが汁小2 + にんにく

しょうゆベース／から揚げ味

材料／2人分
鶏もも肉 …………………… 1枚（300g）
a ┃ しょうゆ …………………… 大さじ1
　┃ 酒 …………………………… 大さじ1
しょうがの搾り汁 …………… 小さじ2
にんにく（すりおろす） ………… 少量
かたくり粉 …………………………… 適量
揚げ油
レタス（ちぎる） …………………… 50g

1人分512kcal　食塩相当量1.6g

作り方
❶ 鶏肉は大きめの一口大に切る。
❷ ポリ袋にa、しょうが汁、にんにくを入れ（写真A）、鶏肉を入れて外からよくもみ（写真B）、30分おく。
❸ 鶏肉の汁けをきってかたくり粉をまぶしつけ、180℃に熱した油で3～4分揚げる（写真C）。
❹ 油をきり、レタスを敷いた皿に盛る。

A

B

C

31

油がのったブリは身がやわらかく、
ふっくらと揚がります。

ブリのから揚げ

から揚げ味

材料／2人分

ブリ	大2切れ（200g）
a しょうゆ	大さじ1
a 酒	大さじ1
しょうがの搾り汁	小さじ2
にんにく（すりおろす）	少量
かたくり粉	適量
揚げ油	

1人分358kcal　食塩相当量1.4g

作り方

❶ ブリは食べやすい大きさのそぎ切りにする。
❷ ポリ袋にa、しょうが汁、にんにくを入れ、ブリを入れてからめ、30分おく。
❸ ブリの汁けをきってかたくり粉をまぶしつけ、180℃に熱した油で2～3分揚げる。

・おろし大根を添えると、よりおいしい。

しょうゆベース　から揚げ味

さっぱりとした初ガツオも、
とろりとした戻りガツオもおいしい。

カツオのから揚げ

から揚げ味

材料／2人分

カツオ	200g
a しょうゆ	大さじ1
a 酒	大さじ1
しょうがの搾り汁	小さじ2
にんにく（すりおろす）	少量
かたくり粉	適量
パプリカ（赤）※1	1/2個（50g）
揚げ油	

1人分275kcal　食塩相当量1.4g※2

※1 ししとうやピーマン、かぼちゃに変更可能。
※2 初ガツオで算出。

作り方

❶ カツオは1cm厚さに切る。パプリカはへたと種を除き、縦に1〜1.5cm幅に切る。
❷ ポリ袋にa、しょうが汁、にんにくを入れ、カツオを入れてからめ、30分おく。
❸ カツオの汁けをきってかたくり粉をまぶしつける。180℃の油でパプリカをさっと揚げ、とり出して油をきる。続けてカツオを入れて2〜3分揚げる。
❹ 器にカツオを盛り、パプリカを添える。

しょうゆベース
万能しょうゆ

同量のしょうゆとみりんで「万能しょうゆ」になります。
料理ごとに、だしの量を変えて味を作ります。

・写真は2人分

万能しょうゆ

A

いちばんシンプルでおいしい配合。
卵は大きめに巻くと手軽です。

だし巻き卵

材料／2人分
卵	4個
だし	大さじ4
a しょうゆ	小さじ1
みりん	小さじ1
サラダ油	大さじ1

1人分202kcal　食塩相当量0.9g

作り方

❶ ボールに卵を割りほぐし、だしとaを加え混ぜる（写真A）。

❷ 卵焼き器に油を入れて中火にかけ、油が温まったら耐熱の小皿などにあけ、余分な油をふきとる。

❸ 卵焼き器に卵液を1滴落としてジュッとなる温度になったら、①の卵液の1/3量を流し入れる。箸先で泡をつぶしながら（写真B）、半熟状になったら向こうから手前にくるりと巻く（写真C）。

❹ 卵を向こう側に寄せ、あいたところに②の油を塗り、残りの卵液の半量を流し入れる。卵焼きの下にも卵液を流し込み、泡をつぶしながら焼き（写真D）、半熟状になったら向こうから手前に巻く（写真E）。同様に、最後の卵液を流し入れて焼く（写真F）。

❺ 食べやすい大きさに切り、器に盛る。

しょうゆベース　万能しょうゆ

B

C

D

E

F

たっぷりの煮汁といっしょに。
えのきたけで食感を加えます。

ほうれん草とえのきたけの煮浸し

万能しょうゆ

材料／2人分
- ほうれん草※ ………… 100g
- えのきたけ ………… 小1/2パック（45g）
- だし ………… 大さじ6
- a
  - しょうゆ ………… 小さじ1
  - みりん ………… 小さじ1

1人分23kcal　食塩相当量0.5g
※ほかの青菜でもよい。

作り方
❶ ほうれん草は熱湯でゆでて水にとり、水けを絞って3cm長さに切る。
❷ えのきたけは根元を切り落とし、3cm長さに切ってほぐす。
❸ 小なべにだしとaを入れて中火にかけ、煮立ったら❶と❷を加えてさっと煮る。

しょうゆベース　万能しょうゆ

菜の花は季節を感じさせる緑黄色野菜。
ほろ苦さに、からしの香味がよく合います。

菜の花の
からしあえ

小1 しょうゆ　小1 みりん　＋　小2 だし

万能しょうゆ

材料／2人分

菜の花※ ……………………… 1束（150g）
練りがらし（チューブ）………… 1㎝
だし ……………………………… 小さじ2
a ┃ しょうゆ ……………………… 小さじ1
　 ┃ みりん ………………………… 小さじ1

1人分32kcal　食塩相当量0.5g

※小松菜、水菜、ほうれん草、ブロッコリーなども合う。

作り方

❶ 菜の花は熱湯でゆでて水にとり、水けを絞って3〜4㎝長さに切る。
❷ 練りがらしにだしを加えてときのばし、aを混ぜ合わせる。
❸ 菜の花に❷を加えてあえる。

アスパラはゆでずに焼きます。
甘味が増し、歯ごたえも心地よく。

グリーンアスパラガスの
ごまあえ

万能しょうゆ

材料／2人分
グリーンアスパラガス＊…1束（150g）
だし …………………………… 小さじ1
a｜しょうゆ ………………… 小さじ1
　｜みりん …………………… 小さじ1
すり白ごま …………………… 大さじ1
1人分49kcal　食塩相当量0.4g

※ブロッコリーやカリフラワーなども美味。

作り方
❶ アスパラは3〜4cm長さの斜め切りにする。アルミ箔に包み、魚焼きグリルで中火で7〜8分焼く。
❷ ボールにだし、a、ごまを入れて混ぜ、アスパラを加えてあえる。

みそ

熟成された奥深いうま味を持つみそ。
ヨーグルトやマヨネーズなど
洋風の食材とも仲よしです。

- 西京みそ味
- 麻婆味
- 田楽みそ
- みそマヨ味

> みそベース

西京みそ味

みそのうま味とプレーンヨーグルトの酸味。
和洋の発酵食品のかけ合わせで複雑な味わいに。

大1 みそ
大1 プレーンヨーグルト

西京みそ味

漬け床が肉をやわらかくします。
切り身魚や鶏もも肉でもおいしい。

豚肉の みそ漬け焼き

材料／2人分
豚ロース肉（豚カツ用）……… 2枚（200g）
a ｜ みそ ………………………… 大さじ1
　｜ プレーンヨーグルト ……… 大さじ1
青じそ ……………………………………… 4枚
1人分269kcal　食塩相当量1.2g

作り方
❶ 豚肉は赤身と脂身の間にある筋を切る（写真A）。
❷ aを混ぜ合わせ、ラップを広げて1/2量を塗る（写真B）。豚肉1枚の表裏にからめ（写真C）、空気が入らないようにぴったりと包む（写真D）。もう1枚も同様に作り、冷蔵庫に半日以上おく。
❸ フライパンにオーブンシートを敷き、❷をみそをぬぐって入れる。ふたをして弱めの中火にかけ、途中で上下を返して10分ほど蒸し焼きにする。
❹ 器に青じそを敷き、❸を盛る。

・作り方❷の状態で冷凍保存もできる。冷蔵庫で解凍をしてから調理する。

A

B

C

D

・写真は2人分

しょうがで香り高く、ヨーグルトでマイルドに。
みそが味をまとめます。

鶏肉の
みそヨーグルトいため

西京みそ味

材料／2人分

鶏もも肉	200g
ブロッコリー	100g
ねぎ	1/2本（50g）
サラダ油	大さじ1
a みそ	大さじ1
a プレーンヨーグルト	大さじ1
しょうが（すりおろす）	小1かけ

1人分292kcal　食塩相当量1.3g

作り方

① 鶏肉は一口大に切る。ブロッコリーは小房に分け、軸は食べやすく切り、熱湯で2分30秒ほどゆでてざるにあげる。ねぎは斜め薄切りにする。
② aとしょうがは混ぜ合わせる。
③ フライパンに油を中火で熱し、鶏肉を入れていため、色が変わったらねぎを加えてさっといためる。ふたをし、2分ほど蒸し焼きにする。
④ ブロッコリーを加えてさっといため、②を加えてからめる。

くせのあるラム肉を、
みそとにんにくで食べやすい味に。

ラム肉の
ガーリックみそいため

西京みそ味

材料／2人分
ラム薄切り肉	200g
パプリカ（黄）	1/2個（50g）
玉ねぎ	1/4個（50g）
サラダ油	大さじ1
a　みそ	大さじ1
プレーンヨーグルト	大さじ1
にんにく（すりおろす）	少量

1人分304kcal　食塩相当量1.3g

作り方
❶ パプリカはへたと種を除いて縦に1cm幅に切り、長さを半分に切る。玉ねぎは繊維に沿って1cm幅に切る。
❷ aとにんにくは混ぜ合わせる。
❸ フライパンに油を中火で熱し、玉ねぎをいためる。しんなりとなったらラム肉、パプリカを順に加えていためる。
❹ ラム肉に火が通ったら、❷を加えてからめる。

和洋風のみそ床でサワラがふっくらと。
みりんでほのかな甘味を足します。

サワラの西京焼き風

西京みそ味

材料／2人分

サワラ	2切れ（200g）
a みそ	大さじ1
プレーンヨーグルト	大さじ1
みりん	小さじ1
貝割れ菜（根元を除く）	10g

1人分186kcal　食塩相当量1.3g

作り方

❶ aとみりんを混ぜ合わせ、ラップを広げて1/2量を塗る。サワラ1切れの表裏にからめ、空気が入らないようにぴったりと包む。もう1切れも同様に作り、冷蔵庫に半日以上おく。

❷ フライパンにオーブンシートを敷き、❶をみそをぬぐい、皮目を下にして入れる。ふたをして弱めの中火にかけ、7分ほど焼く。裏返して2分ほど焼いて火を通す。

❸ 器に盛り、貝割れ菜を添える。

・作り方❶の状態で冷凍保存もできる。冷蔵庫で解凍をしてから調理する。

・写真は2人分

みそベース　西京みそ味

ヨーグルトとカレー粉で中東料理風に。
淡泊な味わいのカジキと高相性です。

カジキの
ヨーグルトカレーいため

大1 みそ ＋ 大1 プレーンヨーグルト ＋ 小 カレー粉

西京みそ味

材料／2人分

カジキ	2切れ（200g）
小麦粉	適量
青梗菜	1株（100g）
ねぎ	1/2本（50g）
サラダ油	大さじ1
a　みそ	大さじ1
プレーンヨーグルト	大さじ1
カレー粉	小さじ1/4

1人分248kcal　食塩相当量1.4g

作り方

❶ カジキは一口大のそぎ切りにし、小麦粉を薄くまぶしつける。
❷ 青梗菜は軸と葉に切り分け、軸は縦に1.5〜2cm幅に切り、葉は2cm幅に切る。ねぎは1cm幅の斜め切りにする。
❸ aとカレー粉は混ぜ合わせる。
❹ フライパンに1/2量の油を中火で熱し、カジキを入れて両面を約2分ずつ焼いて火を通し、とり出す。
❺ ❹のフライパンに残りの油を熱し、❷を順にいためる。❹を戻し入れていため合わせ、❸を加えてからめる。

・写真はいずれも2人分

みそベース　西京みそ

セロリやにんじんなど、野菜は好みのもので。
七味とうがらしの辛味をきかせるのもよし。

スティック野菜の
ヨーグルトディップ添え

西京みそ味

材料／2人分
きゅうり …………………… 1/2本（50g）
大根 …………………………………… 60g
パプリカ（赤）…………… 1/2個（50g）
a｜みそ ………………………………… 大さじ1
　｜プレーンヨーグルト ……… 大さじ1

1人分35kcal　食塩相当量1.1g

作り方
① きゅうりと大根はそれぞれ6〜7cm長さの棒状に切る。パプリカはへたと種を除き、縦に1〜1.5cm幅の棒状に切る。
② 器に野菜を盛り合わせ、aを混ぜ合わせて添える。

長芋の食感が心地よい、手軽な一品。
きゅうり、かぶ、大根、にんじんなどで作っても。

長芋のぬか漬け風

西京みそ味
（2人分×2回）

材料／2人分×2回
長芋 …………………… 10cm（360g）
a｜みそ ………………………………… 大さじ1
　｜プレーンヨーグルト ……… 大さじ1
七味とうがらし …………………… 少量

1人分108kcal　食塩相当量0.6g

作り方
① 長芋は皮をむいて縦半分に切る。
② aは混ぜ合わせてポリ袋に入れ、長芋を加えてからめる。袋を閉じ、冷蔵庫に1日おく。
③ 食べやすく切って器に盛り、七味とうがらしをふる。

みそベース
麻婆味

みそに砂糖の甘味やしょうゆの香味を加えると料理のレパートリーが広がります。

大1 みそ
大1 酒
小2 砂糖
小1 しょうゆ

ごはんのおともに、卵焼きやマッシュポテトの具に。
レタスで巻いて食べるのもおすすめ。

肉みそ

麻婆味（2人分×2回）

材料／2人分×2回
豚ひき肉※	300g
にんにく（みじん切り）	小1かけ
ねぎ（みじん切り）	1/2本（50g）
サラダ油	大さじ1
a みそ	大さじ1
酒	大さじ1
砂糖	小さじ2
しょうゆ	小さじ1

1人分205kcal　食塩相当量0.9g

※好みで鶏ひき肉にすると、あっさりとした味になる。

作り方
❶ aは混ぜ合わせる（写真A、B）。
❷ フライパンに油、にんにく、ねぎを入れ、弱めの中火にかけて香りが立つまでいためる。ひき肉を加えて中火にし、肉がポロポロになるまでいためる。
❸ ①を加え（写真C）、全体に味がなじむようにいためる。

・冷蔵で3～4日、冷凍で1か月間保存できる。

みそベース　麻婆味

韓国料理をアレンジ。
みそとチーズの組み合わせがくせになります。

チーズタッカルビ風

大1	大1	小2	小1
みそ	酒	砂糖	しょうゆ

麻婆味

材料／2人分

鶏もも肉 …………………… 200g
a ┌ みそ …………………… 大さじ1
　├ 酒 ……………………… 大さじ1
　├ 砂糖 …………………… 小さじ2
　└ しょうゆ ……………… 小さじ1
ごま油 ……………………… 大さじ1
玉ねぎ ……………… 1/2個（100g）
にんじん …………… 1/3本（50g）
にら ………………… 1/4束（25g）
とろけるチーズ ……………… 30g

1人分352kcal　食塩相当量2.0g

作り方

❶ 鶏肉は大きめの一口大に切る。ボールにaを入れて混ぜ合わせ、鶏肉を加えてもみ込み、20分ほどおく。

❷ 玉ねぎはくし形切りに、にんじんは短冊切りにする。にらは4〜5cm長さに切る。

❸ フライパンにごま油を中火で熱し、❶を汁けをきって入れ、色が変わるまでいためる（つけ汁はとりおく）。

❹ 玉ねぎとにんじんを加えていため、❸のつけ汁を加えていため合わせ、にらを加えてさっといためる。

❺ チーズを散らし、ふたをして弱火にし、チーズがとろけるまで加熱する。

みそベース　麻婆味

みそとバターは相性のよい組み合わせ。
サケはカジキや鶏肉にかえてもおいしい。

サケとキャベツのみそバターいため

麻婆味

材料／2人分

生ザケ	2切れ（200g）
小麦粉	適量
キャベツ	100g
しめじ類	小1パック（90g）
もやし	50g
バター	大さじ1
a みそ	大さじ1
酒	大さじ1
砂糖	小さじ2
しょうゆ	小さじ1
こしょう	少量

1人分245kcal　食塩相当量1.9g

作り方

❶ サケは一口大のそぎ切りにし、小麦粉を薄くまぶしつける。
❷ キャベツは食べやすく切り、しめじは石づきを除いてほぐす。
❸ aは混ぜ合わせる。
❹ フライパンに1/2量のバターを中火でとかし、❶のサケを入れて両面を約2分ずつ焼いて火を通し、とり出す。
❺ ❹のフライパンに残りのバターをとかし、❷、もやしをいため、しんなりとなったらサケを戻し入れる。❸を加えていため合わせ、こしょうをふる。

なすにみそ味の調味料をからめた定番のお総菜。
豚肉入りで食べごたえもアップします。

なべしぎ

麻婆味（2人分×2回）

材料／2人分×2回
なす	3本（210g）
ピーマン	3個（75g）
豚バラ薄切り肉	3枚（90g）
サラダ油	大さじ1
a　みそ	大さじ1
酒	大さじ1
砂糖	小さじ2
しょうゆ	小さじ1

1人分141kcal　食塩相当量0.8g

作り方
❶ なすはへたを除いて乱切りに、ピーマンもへたと種を除いて乱切りにする。豚肉は2cm幅に切る。
❷ aは混ぜ合わせる。
❸ フライパンに油と豚肉を入れて中火にかけ、肉から脂が出てきたら、なすを加えて油がなじむまでいため、ピーマンを加えてさらにいためる。
❹ ピーマンがしんなりとなったら❷を加え、全体にからめる。

里芋は電子レンジで手軽に加熱。
みそが里芋のほのかな甘味を引き立てます。

里芋のみそいため

麻婆味

材料／2人分
里芋	4個（240g）
小ねぎ（2cmに切る）	2本（10g）
サラダ油	大さじ1
a　みそ	大さじ1
酒	大さじ1
砂糖	小さじ2
しょうゆ	小さじ1
いり白ごま	小さじ1

1人分158kcal　食塩相当量1.6g

作り方
❶ 里芋は包丁でぐるりと切り込みを入れる（写真A）。耐熱皿に入れ、ラップをかけて電子レンジ（600W）で4分加熱し、上下を返して4分加熱する。熱いうちにふきんに包んで皮をむき（写真B）、縦に4つか6つに切る。
❷ aは混ぜ合わせる。
❸ なべに油を中火で熱して里芋をいため、小ねぎと❷を加えていため合わせる。仕上げにごまをふる。

A

B

みそベース　麻婆味

・写真は2人分

香味野菜と豆板醬を加えて本格的な味わいに。

麻婆豆腐

材料／2人分

もめん豆腐	1丁（300g）
豚ひき肉	100g
ねぎ（みじん切り）	1/2本（50g）
しょうが（みじん切り）	小1かけ
にら（あらみじん切り）	1/4束（25g）
サラダ油	大さじ1
豆板醬	小さじ1/2
a	みそ　大さじ1
	酒　大さじ1
	砂糖　小さじ2
	しょうゆ　小さじ1
b	顆粒鶏がらだし　小さじ1
	水　大さじ10※
c	かたくり粉　小さじ1
	水　小さじ2
粉ざんしょう	少量

1人分320kcal　食塩相当量2.6g
※大さじ10＝3/4カップ（150g）

麻婆味

作り方

❶ 豆腐は2cmのさいの目に切る。耐熱皿にキッチンペーパーを敷いて豆腐をのせ、ラップをしないで電子レンジ（600W）で1分30秒加熱する。

❷ フライパンに油、ねぎ、しょうがを入れ、中火で香りが立つまでいためる。豆板醬を加えていため、ひき肉を加えてポロポロになるまでいためる。

❸ aとbを加え、煮立ったら❶の豆腐を加えて2分ほど煮る。にらを加え、cを加えてとろみをつける。

❹ 器に盛り、粉ざんしょうをふる。

・写真は2人分

豆腐をはるさめにかえてもう一品。
麻婆はるさめ

材料／2人分
はるさめ	乾50g
豚ひき肉	100g
白菜	150g
にんじん	4cm（50g）
ねぎ（みじん切り）	1/2本（50g）
しょうが（みじん切り）	小1かけ
にんにく（みじん切り）	小1かけ
サラダ油	大さじ1
a　みそ	大さじ1
酒	大さじ1
砂糖	小さじ2
しょうゆ	小さじ1
b　顆粒鶏がらだし	小さじ1
水	大さじ10※

1人分308kcal　食塩相当量2.3g

※大さじ10＝3/4カップ（150g）

みそベース　麻婆味

大1 みそ　大1 酒　小2 砂糖　小1 しょうゆ　＋　小1 鶏がら

麻婆味

作り方
❶ はるさめは袋の表示に従ってもどし、水けをきって食べやすい長さに切る。
❷ 白菜は軸と葉に分ける。軸は4～5cm長さの棒状に切り、葉は縦に1cm幅に切る。にんじんは細切りにする。
❸ フライパンに油、ねぎ、しょうが、にんにくを入れて中火にかけ、香りが立つまでいため、ひき肉を加えてポロポロになるまでいためる。
❹ 白菜とにんじんを加えていため、aとbを加えて煮立てる。はるさめを加え、汁けが少なくなるまで煮る。

> みそベース

田楽みそ

まとめ作り

大3	大3	大2	大2
みそ	砂糖	酒	みりん

➡ でき上がり約100g

「田楽みそ」はまとめ作りがおすすめ（61ページ）。
木の芽やゆずの皮などを添えると季節感が出ます。

大根にこんぶのうま味を煮含めて。
田楽みそで大根の甘味が引き立ちます。

ふろふき大根

みそベース / 田楽みそ / まとめ作り

材料／2人分
大根（太いところ） ……………… 6cm（180g※）
こんぶ ……………………………… 5cm角1枚
田楽みそ（61ページ） …… 大さじ1＋小さじ1
ゆずの皮（せん切り） ………… あれば少量
1人分 58kcal　食塩相当量 1.3g
※大根の皮約50gを除いた重量。

作り方
❶ 大根は3cm厚さの輪切りにして皮を厚くむく（写真A）。片面に十字に切り込みを入れる。
❷ なべに大根とこんぶを入れ、かぶるくらいの水（約2カップ）を注ぎ入れて中火にかける。煮立ったら火を弱め、オーブンシートの真ん中を切って穴をあけた落としぶたをかぶせ（写真B）、竹串がすっと通るまで30～40分煮る。
❸ 大根を切り込みを下にして器に盛り、煮汁を張る。田楽みそをのせ、ゆずの皮をあしらう。

A

B

炊飯器でもやわらかくなります

米を洗って普通に水加減をし、大根をのせて炊く。

大根の皮のきんぴら

皮は捨てずにもう一品！

材料と作り方（作りやすい分量）
❶ 大根の皮約50gは3～4cmに切り、繊維を断つようにマッチ棒状に切る。
❷ フライパンにごま油小さじ1/2を中火で熱して❶をいため、油がまわったらだし（または水）大さじ1を加えてふたをし、弱火で2分ほど蒸し煮にする。
❸ しょうゆ・酒・みりん各小さじ1/2を加え、汁けがなくなるまでいり煮にし、いり白ごま少量をふる。
全量で38kcal　食塩相当量 0.5g

水分がほどよく抜けた豆腐は
弾力のあるやわらかさに。
みその味がきいています。

豆腐田楽

材料／2人分
もめん豆腐 …………………… 1丁（300g）
田楽みそ（61ページ）… 大さじ1＋小さじ1
木の芽 ………………………… あれば6枚

1人分145kcal　食塩相当量0.9g

作り方
❶ 豆腐は6等分に切る。耐熱皿にキッチンペーパーを敷いて豆腐を並べ、ラップをしないで電子レンジ（600W）で1分30秒加熱し、水けをきる。
❷ アルミ箔を広げてサラダ油少量を薄く塗り広げ、❶の豆腐を並べる。
❸ 魚焼きグリルで強火で7〜8分焼く。豆腐の表面に田楽みそを等分に塗り、2〜3分焼く。
❹ 器に盛り、木の芽をのせる。

・写真は2人分

みそベース

田楽みそ

まとめ作り

なすは皮のむき方や切り方をひとくふう。ちょこんとのせたみそもかわいらしく、食べやすい。

揚げなす田楽

大 1 田楽みそ　小 1 田楽みそ

材料／2人分
- なす ……………………… 2本（140g）
- かたくり粉 …………………… 適量
- 揚げ油
- 田楽みそ（61ページ）…大さじ1＋小さじ1
- いり白ごま ………………………… 少量

1人分152kcal　食塩相当量0.9g

作り方
❶ なすはへたを除き、皮をしま目にむいて3cm厚さの輪切りにする。かたくり粉を薄くまぶしつける。
❷ 油を180℃に熱し、なすを揚げる。
❸ 油をきって器に並べ、田楽みそを等分にのせてごまをふる。

・写真は2人分

こんにゃくは切り込みを入れると嚙みやすく、味もしっかりからみます。

みそこんにゃく

大 1 田楽みそ　小 1 田楽みそ

材料／2人分
| こんにゃく ………………… 1枚（200g）
| 塩 ………………………………… 少量
田楽みそ（61ページ）…大さじ1＋小さじ1
練りがらし ………………………… 少量
1人分42kcal　食塩相当量1.3g

作り方
❶ こんにゃくは1.5cm厚さに切り、片面に格子状に切り込みを入れる。塩をふって5分ほどおき、熱湯で3分ゆでて湯をきる。
❷ 器にこんにゃくを盛り、田楽みそを等分にのせ、練りがらしを添える。

みそベース / 田楽みそ / まとめ作り

田楽みそ まとめ作り

大	大	大	大
3	3	2	2
みそ	砂糖	酒	みりん

田楽みそは、56〜60ページで
ご紹介した食材のほか、
里芋、生麩、かぶ、れんこんなど
にも合います。
冷蔵で2週間ほどもつので
作りおきしておけば便利です。

材料／でき上がり約100g

みそ	大さじ3
砂糖	大さじ3
酒	大さじ2
みりん	大さじ2

大さじ1で53kcal　食塩相当量1.4g

作り方

❶ すべての材料を小さめのフライパンに入れ、中火にかける。
❷ かき混ぜながら加熱し（写真A）、みそがふつふつとしてきたら弱めの中火にする。
❸ 焦がさないようにかき混ぜながら、ぽってりとなるまで煮つめる（写真B）。
・冷蔵で約2週間保存できる。

> みそベース

みそマヨ味

みそのうま味にマヨネーズのこくが加わります。
焼く、いためるなどしてもおいしい。

大1 みそ　大1 マヨネーズ

・写真は2人分

雑誌と本の**デジタル版**読み放題サービス

栄養と料理ぷらす

Magazine

デジタル版『栄養と料理』

最新号
＋
バックナンバー
（2019年9月号〜）

Book

電子書籍

人気の本が
続々登場

会員優待特典もいろいろ

サブスク月額
990 円（税込）

持ち運び
ラクラク！

『栄養と料理』
一冊分相当！

Q1 サブスクってなに?

月額の定額料金を支払うことで一定期間、女子栄養大学出版部が提供する読み放題や会員優待特典などのサービスを利用できるしくみのことです。

栄養と料

Q3 会員優待特典ってなにがあるの?

女子栄養大学生涯学習センターの通信教育や講座、eラーニング、家庭料理検定が割引で受講できます。また、出版部が運営する各種セミナーやイベントも一部優先的にご案内。会員限定プレゼントなども実施予定です。

紙
定期購読
なにか

本誌を定期購読
は「栄養と料
％オフ)で
申し込みペー
事項をご入
用されます。

Q2 デジタル版はどうすれば読めるの？

インターネットに接続できるパソコンまたはタブレットまたはスマートフォンで読むことができます。また、「富士山マガジンサービス」での会員登録が必要です。
くわしくはウェブサイトまたはお問い合わせ先にてご確認ください。
➡裏面を見てね。

理ぷらすって？

Q5 どんな本が読めるの？

人気のデータ本や読み物など複数ご用意しています。全ページ読める本と一部が読める本があり、ベストセラーの『調理のためのベーシックデータ 第6版』『塩分早わかり 第5版』などは全ページお読みいただけます。またサブスク内でしか読めない貴重な復刻版も登場します。

Q4 雑誌を...ているけど、...典はある？

...されているお客さま...らす」を590円（40...引いただけます。お...案内に沿って必要...だければ割引が適

くわしい内容やお申し込み方法はこちら

お問い合わせ先

女子栄養大学出版部
営業・マーケティング課
Email keigyo@eiyo.ac.jp
TEL 03-3918-5411

みそマヨ味

A

みそマヨで焼き上がりがしっとり。
鶏もも肉、豚ロース肉、
切り身魚で作っても。

鶏肉の
みそマヨ焼き

材料／2人分

鶏胸肉 ……………………… 小1枚（200g）
a ┌ みそ ………………………… 大さじ1
  └ マヨネーズ ………………… 大さじ1
サラダ菜 ………………………………… 1枚

1人分190kcal　食塩相当量1.3g

B

C

作り方

❶ 鶏肉は厚みを均一にし、皮側をフォークで数か所刺す。
❷ aを混ぜ合わせ、ラップを広げて塗る（写真A）。鶏肉の表裏にからめ（写真B）、空気が入らないようにぴったりと包む（写真C）。冷蔵庫に半日以上おく。
❸ フライパンにオーブンシートを敷き、❷をみそをぬぐって皮を下にして入れる。弱めの中火にかけてふたをし（写真D）、全体が白っぽく色が変わったら裏返す（写真E）。ふたをし、火が通るまで2〜3分蒸し焼きにする。
❹ 器にサラダ菜を敷き、❸を食べやすく切って盛る。

・作り方❷の状態で冷凍保存もできる。冷蔵庫で解凍をしてから調理する。

D

E

みそベース

63

少し焦がしたみそがまた味わい深い。
オーブントースターでも作れます。

タイのみそマヨホイル焼き

みそマヨ味

材料／2人分

タイ		2切れ（200g）
塩		少量
玉ねぎ		1/4個（50g）
しめじ類		小1パック（90g）
ミニトマト		6個（60g）
a	みそ	大さじ1
	マヨネーズ	大さじ1
あらびき黒こしょう		少量

1人分246kcal　食塩相当量1.6g

作り方

❶ タイは塩をふる。
❷ 玉ねぎは薄切りにする。しめじは石づきを除いてほぐす。ミニトマトはへたを除いて竹串などで穴をあける。
❸ アルミ箔を2枚広げて玉ねぎとしめじを半量ずつ敷き、タイを1切れずつ置く。ミニトマト半量ずつを添え、aを混ぜ合わせて等分にタイに塗り、それぞれ包む。
❹ 魚焼きグリルに入れ、8分ほど焼く。アルミ箔を開き、こしょうをふる。

みそベース / みそマヨ味

食べごたえのあるホットサラダを
粒マスタードの酸味で軽やかに。

じゃが芋と
ブロッコリーの
ホットサラダ

みそマヨ味

材料／2人分
じゃが芋 ……………… 1個（135g）
ブロッコリー ……………… 100g
a みそ ……………… 大さじ1
　 マヨネーズ ……………… 大さじ1
　 粒入りマスタード ……………… 小さじ1

1人分121kcal　食塩相当量1.3g

作り方
❶ じゃが芋は皮をむいて1cm厚さのいちょう切りにする。ブロッコリーは小房に分ける。
❷ なべにたっぷりの水、塩少量、じゃが芋を入れて火にかけ、ゆでる。じゃが芋が透き通ってきたらブロッコリーを加え、2分ほどゆでる。
❸ ざるにあげて湯をきり、あら熱がとれるまでおく。
❹ ボールにaと粒マスタードを入れて混ぜ、❸を加えてあえる。

・写真は2人分

キャベツをかぶにかえた、ホイコーロー風。
かぶの葉もむだなく使います。

厚揚げとかぶの
みそマヨいため

みそマヨ味

材料／2人分
厚揚げ	1枚（200g）
かぶ	2個（140g）
かぶの葉	70g
サラダ油	小さじ2
a　みそ	大さじ1
マヨネーズ	大さじ1
にんにく（すりおろす）	少量

1人分256kcal　食塩相当量1.3g

作り方

❶ 厚揚げは短辺を半分に切り、1cm厚さに切る。

❷ かぶは6等分のくし形に切る。かぶの葉はさっとゆでて水にとり、水けを絞って3〜4cm長さに切る。

❸ aとにんにくは混ぜ合わせる。

❹ フライパンに1/2量の油を中火で熱し、厚揚げを入れて焼き色をつけ、とり出す。

❺ 残りの油を熱してかぶをいため、焼き色がついたら❹を戻し入れ、かぶの葉と❸を加えていため合わせる。

・好みで七味とうがらしをふって食べるのもおいしい。

オイスターソース

中国料理に不可欠な、カキのうま味たっぷりのソース。
メインの味つけにも隠し味にもなり、
料理の味をさらに深めてくれます。

- チンジャオ味
- オイマヨ味

オイスターソースベース
チンジャオ味

チンジャオ（青椒）はピーマンを指しますが、ここではチンジャオロースーの味を「チンジャオ味」と呼びます。

・写真は2人分

ピーマンと肉の細切りに
オイスターソースのうま味をからめます。

チンジャオロースー

チンジャオ味

材料／2人分

牛もも肉（焼き肉用）	150g
塩	少量
酒	小さじ1
かたくり粉	大さじ1強（10g）
ピーマン	3個（75g）
ゆで竹の子	100g
サラダ油	大さじ1
a　オイスターソース	大さじ1
酒	大さじ1
しょうゆ	小さじ1
にんにく（すりおろす）	少量

1人分254kcal　食塩相当量1.8g

作り方

❶ 牛肉は5mm幅の細切りにし、塩と酒を加え混ぜ、かたくり粉を加えてもみ込む（写真A）。

❷ ピーマンはへたと種を除き、縦に細切りにする。ゆで竹の子はピーマンと同じ長さの細切りにする。

❸ aとにんにくは混ぜ合わせる（写真B）。

❹ フライパンに油を中火で熱し、牛肉をいためる。色が変わったら❷を加えてさらにいためる。

❺ ❸を加え（写真C）、全体をいため合わせる。

A

B

C

チンジャオ味がしっかりついています。
そのまま食べても、酢＋こしょうで食べても。

春巻き

大1 オイスターソース **大1** 酒 **小1** しょうゆ ＋ **小1** 鶏がら

チンジャオ味

材料／2人分

豚ロース薄切り肉	150 g
もやし	100 g
生しいたけ	2枚（30 g）
にんじん	3cm（40 g）
サラダ油	大さじ1
a　オイスターソース	大さじ1
酒	大さじ1
しょうゆ	小さじ1
b　顆粒鶏がらだし	小さじ1/2
水	大さじ4
c　かたくり粉	小さじ1
水	小さじ2
春巻きの皮	6枚
d　小麦粉・水	各小さじ1
揚げ油	

1人分 593kcal　食塩相当量 2.3 g

作り方

❶ 豚肉は細切りにする。しいたけは石づきを除いて薄切りにし、にんじんは細切りにする。

❷ a、bは混ぜ合わせる。

❸ フライパンに油を中火で熱し、豚肉を色が変わるまでいためる。しいたけ、にんじん、もやしを加えていため、しんなりとなったら❷を加えてからめる。

❹ cを加えてとろみをつけ、火を消す。さめるまでおく。

❺ 春巻きの皮1枚に❹の1/6量をのせて包み、巻き終わりに混ぜ合わせたdをつけて閉じる。同様にあと5本作る。

❻ 150〜160℃に熱した油で❺をカラリと揚げる。

オイスターソースベース **チンジャオ味**

シーフードとチンジャオ味のWのうま味で白菜がたっぷり食べられます。

シーフードと白菜のいため物

チンジャオ味

材料／2人分

シーフードミックス（冷凍）		200 g
白菜		300 g
しょうが（せん切り）		小 1かけ
サラダ油		大さじ1
a	オイスターソース	大さじ1
	酒	大さじ1
	しょうゆ	小さじ1
b	顆粒鶏がらだし	小さじ1/2
	水	大さじ6
c	かたくり粉	大さじ1/2
	水	大さじ1

1人分 159kcal　食塩相当量 2.7 g

作り方

❶ シーフードミックスは自然解凍する。白菜は軸と葉に切り分け、軸はそぎ切りに、葉は一口大に切る。
❷ a、bは混ぜ合わせる。
❸ フライパンに油としょうがを入れて中火にかけ、香りが立ったら白菜の軸、葉の順に加えていためる。
❹ 白菜がしんなりとなったらシーフードミックスを加え、さっといためる。
❺ ②を加え、煮立ったらcを加えてとろみをつける。

71

チンジャオ味は焼きそばの味つけにも！
めんは香ばしくいためます。

あんかけ焼きそば

大1 オイスターソース　大1 酒　小1 しょうゆ ＋ 小 鶏がら

チンジャオ味

材料／2人分
蒸し中華めん		2玉（300g）
豚ロース薄切り肉		100g
パプリカ（赤）		1/4個（25g）
青梗菜		1株（100g）
うずら卵（水煮）		6個（60g）
サラダ油		大さじ2
a	オイスターソース	大さじ1
	酒	大さじ1
	しょうゆ	小さじ1
b	顆粒鶏がらだし	小さじ1/2
	水	大さじ6
c	かたくり粉	大さじ1/2
	水	大さじ1

1人分 552kcal　食塩相当量 2.5g

作り方
❶ 中華めんは袋の封を切り、電子レンジ（600W）で3分加熱する。
❷ 豚肉は一口大に切る。パプリカはへたと種を除いて細切りにする。青梗菜は、軸は縦に2～3つ割りにし、葉は1cm幅に切る。
❸ a、bは混ぜ合わせる。
❹ フライパンに1/2量の油を中火で熱し、①をいためて器に盛る。
❺ 同じフライパンに残りの油を中火で熱して豚肉をいため、パプリカ、青梗菜の軸、葉の順に加えていためる。
❻ うずら卵と③を加え、煮立ったらcでとろみをつけ、④のめんにかける。

オイスターソースベース　チンジャオ味

オイスターソースとカレー粉で
シンプルないため物が深い味わいに。

レタスと卵の
いため物

チンジャオ味

材料／2人分
| 卵 ………………………… 4個
| 塩 ………………… ミニスプーン1/2
レタス ……………… 1/2玉（180g）
サラダ油 ………………… 大さじ2
| オイスターソース …… 大さじ1
a | 酒 ………………………… 大さじ1
| しょうゆ ……………… 小さじ1
カレー粉 ………………… 小さじ1/4
1人分 272kcal　食塩相当量 2.2g

作り方
❶ 卵は割りほぐし、塩を加え混ぜる。レタスは食べやすい大きさにちぎる。
❷ aとカレー粉は混ぜ合わせる。
❸ フライパンに1/2量の油を強火で熱し、卵を加えて大きく混ぜ、半熟状になったらとり出す。
❹ 同じフライパンに残りの油を中火で熱し、レタスをいためる。卵を戻し入れ、❷を加えてさっといためる。

オイスターソースベース
オイマヨ味

オイスターソースとマヨネーズは、
合わせただけでも美味、火を通しても美味。

・写真は2人分

オイスターソースベース **オイマヨ味**

こくとうま味、ほのかな酸味のたれが
あっさりとしたしゃぶしゃぶに合います。

豚しゃぶ

オイスターソース 大1 / マヨネーズ 大1
オイマヨ味

材料／2人分
- 豚ロース肉（しゃぶしゃぶ用）……… 150g
- 水菜 …………………………… 2株（100g）
- えのきたけ …………………… 小1パック（85g）
- a | オイスターソース …………… 大さじ1
  | マヨネーズ ………………………… 大さじ1

1人分 261kcal　食塩相当量 1.3g

作り方
❶ 水菜は根元に十字の切り込みを入れる。えのきたけは根元を切り除く。
❷ なべに湯を沸かして酒大さじ2を加え、水菜、えのきたけ、豚肉の順に入れてはさっとゆで、それぞれざるにあげる。水菜は湯を絞って食べやすい長さに切る。
❸ 器に②を盛り合わせる。
❹ aを混ぜ合わせたたれを別の器に入れ、添える。

＼ しゃぶしゃぶ 具のバリエーション ／

●しゃぶしゃぶ用の肉
薄く切ったしゃぶしゃぶ用の肉は火の通りが早いのが利点。あっさりとした豚肉、こくがある牛肉のどちらもなべに向きます。部位は、赤身と脂身をバランスよく含んでやわらかいロース肉、低脂肪でヘルシーなもも肉など、好みでOK。

●野菜やきのこなど
食感や風味を添える野菜やきのこはなべに不可欠。以下の組み合わせもおすすめです。

●ちぎったレタス、しめじ類
レタスはしゃきしゃきと心地よい食感に。しめじは存在感が大です。

●せん切りキャベツ、まいたけ
キャベツはほのかな甘味が楽しめます。まいたけはうま味が出てきます。

●ザクザクと切った小松菜や春菊、4つに切った生しいたけ
栄養充実の緑黄色野菜と、香味豊かなしいたけのコンビ。

味にむらが出ないよう、オイマヨとしょうゆはしっかり混ぜてから加えることがコツ。

焼きうどん

大1 オイスターソース ＋ **大1** マヨネーズ ＋ **小2** しょうゆ

オイマヨ味

材料／2人分

ゆでうどん	2玉（400g）
むきエビ	160g
塩・かたくり粉	各少量
セロリ	1本（65g）
にんじん	2cm（30g）
生しいたけ	2枚（30g）
サラダ油	大さじ2
a オイスターソース	大さじ1
マヨネーズ	大さじ1
しょうゆ	小さじ2

1人分 428kcal　食塩相当量 2.3g

作り方

❶ うどんは袋の封を切り、電子レンジ（600W）で2分加熱する。

❷ エビは背わたを除き、塩とかたくり粉をまぶしてもみ、水で洗って水けをきる。

❸ セロリは、茎は筋を除いて斜め薄切りにし、葉は細く切る。にんじんは薄切りにし、しいたけは石づきを除いて薄切りにする。

❹ aとしょうゆは混ぜ合わせる。

❺ フライパンに油を中火で熱し、にんじんをいためる。❷、セロリの茎と葉、しいたけ、❶を加えていためる。

❻ 野菜がしんなりとなったら❹を加えてからめる。

・写真は2人分

オイスターソースベース　オイマヨ味

心地よい歯ごたえのれんこんはかさ増しの効果も。
カキのほか、エビやホタテ貝柱などもおいしい。

カキとれんこんの
ピリ辛オイマヨいため

大1 オイスターソース　大1 マヨネーズ
オイマヨ味

材料／2人分
| カキ（むき身） ……………… 250g
| 小麦粉 ……………………… 適量
れんこん ……………………… 100g
にら ………………………… 1/4束（25g）
赤とうがらし（小口切り）……… 1/2本
ごま油 ………………………… 大さじ1
a｜オイスターソース ……… 大さじ1
　｜マヨネーズ ……………… 大さじ1

1人分 259kcal　食塩相当量 2.7g

作り方
❶ カキは水3カップに塩大さじ1を加えた塩水に入れてもみ洗いし、水で洗って水けをふきとり、小麦粉を薄くまぶす。
❷ れんこんは薄いいちょう切りにし、にらは3〜4cm長さに切る。
❸ aは混ぜ合わせる。
❹ フライパンに1/2量のごま油を中火で熱し、カキをさっといため、とり出す。
❺ 同じフライパンに残りのごま油を中火で熱し、れんこんと赤とうがらしをいためる。❹を戻し入れ、にらを加えていため、❸を加えてからめる。

77

コラム 同じ調味料でも種類はいろいろ

同じ調味料でも、料理の特徴によって使い分けたり、地域によって違っていたり。種類いろいろな調味料をご紹介します。◎は、本書で用いている調味料です。

しょうゆ

濃い口しょうゆ◎
大豆や小麦が原料で、発酵・熟成過程で独特の芳香とうま味が生まれる。大さじ1（18g）あたりの食塩相当量は2.6g。

うす口しょうゆ
色がうすく、食材の色を生かす利点がある。大さじ1（18g）あたりの食塩相当量は2.9gで、濃い口しょうゆよりも高い。

減塩しょうゆ
普通のしょうゆから食塩だけをとり除いたもので、大さじ1（18g）あたりの食塩相当量は1.5g。

砂糖

砂糖（上白糖）◎
ざらめ糖をとり出したあとの糖液から作られる。結晶が細かく、やわらかい。

黒砂糖
砂糖きびの搾り汁を煮つめた砂糖。ミネラルを多く含み、独特な風味とこくがある。

三温糖
上白糖を作ったあとの糖液を再び煮つめて作るので、この色になる。香ばしい風味もある。

みそ

淡色辛みそ◎
米麹で作る辛みその一種で、色がうすい。別名「信州みそ」など。大さじ1（18g）あたりの食塩相当量は2.2g。

赤色辛みそ
淡色辛みそと同様に米麹で作られる辛口みその一種。色が濃い。「仙台みそ」「越後みそ」など。大さじ1（18g）あたりの食塩相当量は2.3g。

麦みそ
麦麹で作るみその一種。おもに九州、中国、四国地方で作られる。大さじ1（18g）あたりの食塩相当量は1.9g。

塩

食塩（精製塩）◎
小さじ1＝6gのサラサラとした塩。食材の全体にまんべんなくふることができる。

あら塩（並塩）
小さじ1＝5gの塩。しっとりとしていて水にとけやすい。

白みそ
米麹で作る甘みその一種。別名「西京みそ」「関西白みそ」など。大さじ1（18g）あたりの食塩相当量は1.1g。

豆みそ
豆麹で作る辛口みその一種。おもに中京地方で作られる。別名「八丁みそ」など。大さじ1（18g）あたりの食塩相当量は2.0g。

減塩みそ
大さじ1（18g）あたりの食塩相当量は1.9gと、淡色辛みそに比べて0.3gほど低い。

資料：『食品の栄養とカロリー事典 第3版』（女子栄養大学出版部）

トマトケチャップ

子どもも大好きなトマトケチャップ味。
ウスターソースやマヨネーズを合わせると
ごはんやお酒が進む味に。

- ハンバーグソース味
- オーロラソース味

トマトケチャップベース
ハンバーグソース味

そのままでも充分おいしいケチャップとソースのコンビで
さらに奥行きのある味わいに。

大1 トマトケチャップ
大1 ウスターソース

アメリカ生まれ日本育ちのケチャップいため。
鶏もも肉でもおいしくできます。

ポークチャップ

ハンバーグソース味

材料／2人分

豚ロース肉（または豚肩ロース肉）	2枚（200g）
塩・こしょう	各少量
小麦粉	適量
玉ねぎ	1/4個（50g）
マッシュルーム	2個（30g）
サラダ油	大さじ1
バター	大さじ1
a トマトケチャップ	大さじ1
a ウスターソース	大さじ1
水	大さじ2
にんにく（すりおろす）	少量
パセリ（みじん切り）	少量

1人分394kcal 食塩相当量1.5g

作り方

❶ 豚肉は筋切りをし、塩とこしょうをふって小麦粉を薄くまぶしつける。

❷ 玉ねぎは繊維に沿って薄切りにし、マッシュルームは石づきを除いて薄切りにする。

❸ aと水、にんにくは混ぜ合わせる（写真A）。

❹ フライパンに油を中火で熱し、❶を両面焼いて火を通し、とり出す。

❺ フライパンのよごれをふきとり、バターを入れてとけたら❷を加え、しんなりとなるまでいためる。

❻ ❸を加え（写真B）、煮立ったら❹の豚肉を戻し入れ、ソースをからめながら煮つめる（写真C）。

❼ 器に盛り、パセリを散らす。

焼いたときに玉ねぎの水分が出て肉割れしないよう、小麦粉をからめておくのがポイント。

ハンバーグ

ハンバーグソース味
大1 トマトケチャップ ＋ 大1 ウスターソース ＋ 大1 赤ワイン

材料／2人分

牛ひき肉	200 g
玉ねぎ	1/6 個（35 g）
塩	ミニスプーン1
小麦粉	大さじ1
こしょう	少量
サラダ油	大さじ1
a トマトケチャップ	大さじ1
a ウスターソース	大さじ1
赤ワイン	大さじ1
バター	小さじ1
ブロッコリー（塩ゆでにする）	4～5房（60 g）

1人分 371kcal　食塩相当量 1.9 g

作り方

❶ 玉ねぎはみじん切りにして塩をふり、水けが出たら小麦粉を加えて混ぜる。
❷ aとワインは混ぜ合わせる。
❸ ボールにひき肉を入れ、❶とこしょうを加えてよく練り混ぜる。2等分して、肉の中の空気を抜きながら小判形に整える。
❹ フライパンに油を中火で熱して❸を入れ、肉の色が厚みの半分以上変わるまで焼いて裏返し、ふたをして弱火で5～6分焼いて火を通す。皿に盛る。
❺ フライパンのよごれをふきとり、❷を入れて煮立ったら1～2分煮つめ、バターを加えてとかす。
❻ ❹のハンバーグに❺のソースをかけ、ブロッコリーを添える。

・写真は2人分

トマト缶詰めで汁けを、ヨーグルトで酸味をプラス。
鶏肉を、カジキや豚肉にかえてもOK。

鶏肉のトマト煮

ハンバーグソース味

材料／2人分

| 鶏もも肉 | 200g |
| 塩・こしょう | 各少量 |

ズッキーニ 1/2本（80g）
にんにく（つぶす） 小1かけ
オリーブ油 大さじ1
ホールトマト缶詰め 1/2缶（200g）※

a
トマトケチャップ	大さじ1
ウスターソース	大さじ1
プレーンヨーグルト	大さじ1

1人分 298kcal　食塩相当量 1.5g

※余ったホールトマトはつぶして冷凍用保存袋に入れ、平らな状態で冷凍しておくと便利。

作り方

❶ 鶏肉は一口大に切り、塩とこしょうをふる。ズッキーニは7mm厚さの輪切りにする。トマトはフォークなどでつぶす。

❷ aとヨーグルトは混ぜ合わせる。

❸ フライパンにオリーブ油とにんにくを入れて弱火にかけ、香りが立ったら❶の鶏肉を入れていためる。肉の色が変わったら、ズッキーニを加えてさらにいためる。

❹ トマトと❷を加え、ふたをして弱めの中火で10分ほど煮る。

83

フライパンでジューシーに焼きます。
鶏手羽元で代用OK。

スペアリブの マーマレード焼き

材料／2人分
豚スペアリブ ………… 6本（240g）※
a｜トマトケチャップ ……… 大さじ1
　｜ウスターソース ………… 大さじ1
マーマレード …………………… 大さじ1
しょうゆ ………………………… 小さじ1
しょうがの搾り汁 ……………… 小さじ1
にんにく（すりおろす）………… 少量
じゃが芋 …………………… 1個（135g）
オリーブ油 ……………………… 大さじ1
サニーレタス ………… 大1枚（50g）
1人分 580kcal　食塩相当量 1.6g
※骨つきで370g。

大1 トマトケチャップ ＋ 大1 ウスターソース ＋ 大1 マーマレード ＋ 小1 しょうゆ ＋ 小1 しょうが汁

ハンバーグソース味　　にんにく

作り方
❶ スペアリブはフォークで数か所刺す。a、マーマレード、しょうゆ、しょうが汁、にんにくを混ぜてスペアリブにからめ、30分以上（できれば一晩）おく。
❷ じゃが芋はラップに包んで電子レンジ（600W）で4分加熱する。皮を除き、1cm幅の乱切りにする。
❸ フライパンに1/2量の油を中火で熱し、❷を入れて焼きつけ、とり出す。
❹ 残りの油を中火で熱し、❶を汁けをきって入れ（つけ汁はとりおく）、3分焼いて裏返す。水大さじ1〜2を加えてふたをし、弱火で10分蒸し焼きにする。
❺ ふたをはずして汁けをとばし、スペアリブのつけ汁を加えてからめる。
❻ 器にレタスを敷き、❸と❺を盛る。

トマトケチャップベース　ハンバーグソース味

ケチャップベースのトマトケチャップの量を増やせば懐かしいナポリタン味に。

スパゲティナポリタン

大さじ1 トマトケチャップ ＋ 大さじ1 ウスターソース ＋ 大さじ2 トマトケチャップ

ハンバーグソース味

材料／2人分

スパゲティ	乾160g
ウインナソーセージ	3本（60g）
玉ねぎ	1/2個（100g）
ピーマン	2個（50g）
にんにく（みじん切り）	小1かけ
オリーブ油	大さじ1
a トマトケチャップ	大さじ1
ウスターソース	大さじ1
トマトケチャップ	大さじ2
バター	小さじ2
粉チーズ	大さじ1

1人分531kcal　食塩相当量3.1g

作り方

❶ スパゲティは袋の表示に従ってゆで、表示時間の1分前にざるにあげて湯をきる（ゆで湯大さじ2〜3をとりおく）。

❷ 玉ねぎは繊維に沿って薄切りに、ウインナは3〜4mm厚さの斜め切りにする。ピーマンは横に5mm幅に切る。

❸ aとケチャップは混ぜ合わせる。

❹ フライパンに油とにんにくを入れて弱火にかけ、香りが立ったら中火にして②を順にいため、③を加えて全体をかき混ぜながら煮つめる。

❺ ①、ゆで湯、バターを加えて全体にからめる。

❻ 器に盛り、粉チーズをふる。

> トマトケチャップベース

オーロラソース味

トマトケチャップとマヨネーズを合わせた色から「オーロラ」の名が。
いため物に、サラダに、そのままをソースに。

大1 トマトケチャップ
大1 マヨネーズ

・写真は2人分

オーロラソース味

にんにくやねぎで中国風の味に。
エビをカジキにかえてもOK。

エビマヨいため

材料／2人分

むきエビ		200g
塩・こしょう		各少量
かたくり粉		大さじ1
ねぎ（みじん切り）		1/4本（25g）
サラダ油		大さじ1
a	トマトケチャップ	大さじ1
	マヨネーズ	大さじ1
にんにく（すりおろす）		少量

1人分205kcal　食塩相当量1.0g

作り方

❶ エビは背わたを除き、塩（分量外）小さじ1、かたくり粉（分量外）・水各大さじ2を加えてもみ（写真A）、よごれが出たら（写真B）水で洗い、水けをふきとる。
❷ aとにんにくは混ぜ合わせる。
❸ ①に分量の塩、こしょうをふり、かたくり粉をまぶす。
❹ フライパンに油を中火で熱し、③をいためて火を通し、ねぎを加えて（写真C）さっといためる。②を加え（写真D）、からめる。

・写真は2人分

アメリカのコブさん考案のボリュームサラダ。サラダチキンはプレーンが合います。

コブサラダ

オーロラソース味

材料／2人分

トマト	1/2個（95g）
アボカド	1/2個（70g）
パプリカ（黄）	1/4個（25g）
サラダチキン（市販品・プレーン）	1/2枚（55g）
a ｜ トマトケチャップ	大さじ1
｜ マヨネーズ	大さじ1
粒入りマスタード	小さじ2
サニーレタス	大1枚（50g）
フライドオニオン（市販品）	大さじ1

1人分174kcal　食塩相当量0.9g

作り方

❶ トマト、アボカド、パプリカ、サラダチキンはそれぞれ1.5cm角に切る。
❷ aと粒マスタードは混ぜ合わせる。
❸ 器にサニーレタスをちぎって敷き、①を彩りよく盛り合わせる。②をかけ、フライドオニオンを散らす。

おなじみコールスローの味つけは、オーロラソースで決まります。

コールスロー

オーロラソース味
（2人分×2回）

材料／2人分×2回

｜ キャベツ	1/6個（200g）
｜ 塩	小さじ1/4
ホールコーン缶詰め	40g
ロースハムの薄切り	2枚（20g）
a ｜ トマトケチャップ	大さじ1
｜ マヨネーズ	大さじ1

1人分55kcal　食塩相当量0.6g

作り方

❶ キャベツはせん切りにし、塩をふり混ぜてしんなりとなったら水けを絞る。
❷ コーンは缶汁をきり、ハムは細切りにする。
❸ ボールにaを入れて混ぜ、①と②を加えてあえる。

トマトケチャップベース　オーロラソース味

・写真は2人分

ウスターソースの香味をほのかにきかせて。
チキンナゲットや野菜スティックに添えても。

フライドポテト
オーロラソース添え

オーロラソース味

材料／2人分

じゃが芋 ………… 大1個（200g）
揚げ油
塩 ……………………………… 少量
a｜トマトケチャップ …… 大さじ1
　｜マヨネーズ ………………… 大さじ1
　｜ウスターソース …………… 小さじ1

1人分157kcal　食塩相当量0.9g

作り方

❶ じゃが芋は皮つきのままくし形に切り、水に10分ほどさらして水けをよくふきとる。

❷ フライパンに❶を入れてかぶるくらいの油を注ぎ入れ、中火にかけて5〜6分、じゃが芋がふくらんできつね色になるまで揚げる。キッチンペーパーを敷いたバットにとり、塩をふる。

❸ 器に❷を盛り、別の器にaとウスターソースを混ぜ合わせて入れ、添える。

酢

酢は、そのままだと酸味がきいてさっぱりと。
加熱すると、酸味がとんでまろやかなすっぱさに。
穀物酢、米酢などありますが、好みの酢でOKです。

- 甘酢味
- 酢みそ味
- 万能酢
- ポン酢しょうゆ
- いろいろドレッシング

> 酢ベース

甘酢味

すっぱくて甘くてパンチがきいていますが、
後味はすっきり。肉や魚によく合います。

大1 酢 / 大1 しょうゆ / 大1 砂糖

・写真は2人分

トマトケチャップ不要の本格的な味。
豚肉は手軽な揚げ焼きにします。

酢豚

甘酢味

材料／2人分

- 豚肩ロースかたまり肉 …………… 200g
- 塩・酒 …………………………… 各少量
- かたくり粉 ……………………… 適量
- 玉ねぎ …………………… 1/4個（50g）
- サラダ油 ……………………… 大さじ2
- a
  - 酢（あれば黒酢） …………… 大さじ1
  - しょうゆ ……………………… 大さじ1
  - 砂糖 …………………………… 大さじ1
- 顆粒鶏がらだし ……………… ミニスプーン2
- かたくり粉 …………………… 小さじ1
- 水 …………………………… 1/3カップ

1人分424kcal　食塩相当量1.9g

作り方

❶ 豚肉は一口大に切り、塩と酒をふってかたくり粉を薄くまぶしつける。玉ねぎはくし形切りにする。

❷ aと鶏がらだし、かたくり粉、水は合わせておく。

❸ フライパンに1/2量の油を中火で熱し、玉ねぎをしんなりとなるまでいため、とり出す。

❹ 同じフライパンに残りの油を熱して豚肉を入れ、上下を返しながら2〜3分焼いて火を通し（写真A）、とり出す。

❺ フライパンのよごれをふきとる。②を混ぜて入れ、かき混ぜながらとろみがつくまで中火で加熱し（写真B）、玉ねぎと豚肉を戻し入れてからめる。

A

B

・写真は2人分

いつもの具入り卵焼きが
甘酢あんで中国料理店の味に！

あんかけカニたま

材料／2人分

卵	4個
カニ風味かまぼこ	50g
ねぎ（斜め薄切り）	1/2本（50g）
グリーンピース	20g※
サラダ油	大さじ2
a　酢	大さじ1
しょうゆ	大さじ1
砂糖	大さじ1
顆粒鶏がらだし	ミニスプーン2
かたくり粉	小さじ1
水	1/3カップ

1人分320kcal　食塩相当量2.6g
※さやつきで約45g。

大1 酢　大1 しょうゆ　大1 砂糖　＋　ミニ2 鶏がら
甘酢味

作り方

❶ ボールに卵を割りほぐし、カニかまをほぐして加え混ぜる。

❷ グリーンピースはさやから出し、塩少量を加えた湯で2〜3分ゆでる。湯をきる。

❸ aと鶏がらだし、かたくり粉、水は合わせておく。

❹ 直径20cmのフライパンに油を中火で熱し、ねぎをいためる。①を加えて大きく混ぜ、半熟状になったらふたをし、弱火で4〜5分、裏返して1〜2分焼き、器に盛る。

❺ フライパンのよごれをふきとり、③をよく混ぜて入れ、中火でとろみがつくまでかき混ぜながら加熱する。②を加え、④にかける。

酢ベース　甘酢味

タラに野菜あんをからめ、
しっとりとした口当たりに。

タラの野菜あんかけ

甘酢味: 酢 大1 + しょうゆ 大1 + 砂糖 大1 + 鶏がら ミニ2

材料／2人分

タラ	2切れ（200g）
塩	少量
かたくり粉	適量
もやし	100g
にら	1/4束（25g）
サラダ油	大さじ2
a 酢	大さじ1
しょうゆ	大さじ1
砂糖	大さじ1
顆粒鶏がらだし	ミニスプーン2
かたくり粉	小さじ1
水	1/3カップ

1人分241kcal　食塩相当量2.1g

作り方

❶ タラは塩をふって5分ほどおき、水けをふきとってかたくり粉をまぶしつける。にらは4～5cm長さに切る。
❷ aと鶏がらだし、かたくり粉、水は合わせておく。
❸ フライパンに1/2量の油を中火で熱し、タラを両面2～3分ずつ焼いて火を通す。器に盛る。
❹ 同じフライパンに残りの油を中火で熱し、もやしをしんなりとなるまでいため、にらを加えていため合わせる。
❺ ❷をよく混ぜて加え、かき混ぜながらとろみがつくまで加熱し、❸のタラにかける。

95

酢ベース
酢みそ味

材料を混ぜ合わせれば酢みそのでき上がり！
魚介に野菜に、食べたい量がすぐに用意できます。

- 小2 酢
- 小2 砂糖
- 大1 みそ

酢みそで刺し身の食べ方に変化をつけます。
ねぎの代わりに甘味のあるわけぎを使っても。

マグロの酢みそあえ

酢みそ味

材料／2人分
マグロ（刺し身用さく）	150g
ねぎ（青い部分も）	1/2本（70g）
a 酢	小さじ2
砂糖	小さじ2
みそ	大さじ1

1人分156kcal　食塩相当量1.2g

作り方
❶ マグロは食べやすい大きさに切る（写真A）。

❷ ねぎは1cm幅の斜め切りにし、熱湯でさっとゆでる（写真B）。ざるにあげ、湯をきり、さます。

❸ ボールにaを混ぜ合わせ、❶と❷を加えてあえる（写真C）。

春を感じる一品。アスパラ、菜の花、ゴーヤーなども酢みそに合います。

竹の子の酢みそあえ

酢みそ味

材料／2人分

ゆで竹の子	150 g
だし	1/2カップ
塩	少量
a 酢	小さじ2
砂糖	小さじ2
みそ	大さじ1
木の芽（あれば・刻む）	4〜5枚

1人分54kcal　食塩相当量1.4g

作り方

❶ 竹の子は、穂先は縦に1.5cm厚さのくし形切りにし、根元は横に7mm厚さのいちょう切りにする。
❷ なべにだしと塩を入れて煮立て、①を5分ほど煮る。そのままさめるまでおき、汁けをきる。
❸ ボールにaと木の芽を入れて混ぜ、②を加えてあえる。

少量の練りがらしで味わいが変化。
貝やタコ、イカ、長芋などにかえても美味。

ホタルイカとうどの からし酢みそかけ

酢みそ味

材料／2人分

ホタルイカ（ゆで）※	100 g
うど	16cm（80g）
a 酢	小さじ2
砂糖	小さじ2
みそ	大さじ1
練りがらし	小さじ1/3

1人分85kcal　食塩相当量1.5g

※目、くちばし、軟骨が気になる場合は除く。

作り方

❶ うどは長さを半分に切り、皮を厚くむく。繊維に沿って薄切りにし、水にさらしてアクを除き、水けをきる。
❷ aと練りがらしは混ぜ合わせる。
❸ 器にホタルイカとうどを盛り合わせ、②をかける。

酢ベース　酢みそ味

酢ベース
万能酢

まとめ作り

「万能酢」はまとめ作りがおすすめ（105ページ）。
主菜に、副菜に、すし飯に。幅広く使えます。

大6 酢
大4 砂糖
小1 塩
大6 こんぶだし

→でき上がり約250mL

・写真は2人分

万能酢で、鶏手羽元がやわらかく、
つやよく煮上がります。豚スペアリブでもOK。

鶏手羽元の甘酢煮

大さじ6 万能酢

材料／2人分
鶏手羽元 …………………… 6本（270g）※
パプリカ（赤） ……………… 1/2個（50g）
しょうが（薄切り） …………… 小1かけ
にんにく（つぶす） …………… 小1かけ
万能酢（105ページ） ………… 大さじ6
サラダ油 ……………………… 大さじ1

1人分330kcal　食塩相当量1.4g
※骨つきで390g。

作り方
❶ 手羽元は骨に沿ってキッチンばさみで切り目を入れる（写真A）。
❷ パプリカはへたと種を除いて一口大の乱切りにする。
❸ フライパンに油を中火で熱し、手羽元を入れてころがしながら表面を焼きつける。手羽元から油が出てきたら、しょうがとにんにく、万能酢を加え（写真B）、落としぶたをして手羽元に火が通るまで約10分煮る。
❹ 煮汁が少なくなってきたらパプリカを加え（写真C）、さっと煮る。

酢ベース　万能酢　まとめ作り

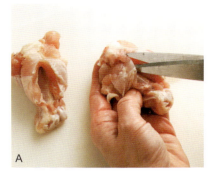

万能酢をだしでのばせば酢の物に。
しょうがの香味をアクセントに。

きゅうりとわかめの酢の物

材料／2人分
| きゅうり ································· 1本（100g）
| 塩 ·· 少量
わかめ（塩蔵）····························· 30g
しょうが（せん切り）····················· 少量
| 万能酢（105ページ）············ 大さじ1
| だし ····································· 大さじ1

1人分16kcal　食塩相当量0.8g

作り方
❶ きゅうりは薄い輪切りにし、塩をふり混ぜてしばらくおき、しんなりとなったら水けを絞る。
❷ わかめは水でもどし、水けを絞って食べやすく切る。
❸ ボールに万能酢とだしを入れて混ぜ合わせ、きゅうりとわかめ、しょうがを加えてあえ混ぜる。

酢ベース　**万能酢**　まとめ作り

赤とうがらしをぴりっときかせて。
赤とうがらしの代わりにゆずの皮を散らしても。

紅白なます

材料／2人分
大根 ·· 150g
にんじん ·· 30g
塩 ··· ミニスプーン1
| 万能酢（105ページ）············ 大さじ3
| 赤とうがらし（小口切り）········ 少量

1人分32kcal　食塩相当量0.9g

作り方
❶ 大根とにんじんはそれぞれ繊維に沿って3～4cm長さのせん切りにし、合わせて塩をふってしばらくおき、しんなりとなったら水けを絞る。
❷ ボールに万能酢と赤とうがらしを入れ、①を加えてあえる。

万能酢があればすし飯もすぐにできる！
輪切りきゅうりの塩もみを散らしても。

アナゴちらし

大さじ4 万能酢

材料／2人分
温かいごはん …………………… 320g※1
万能酢（105ページ）…………… 大さじ4
刻みアナゴ※2 …………………… 100g
さやえんどう ………………… 8枚（16g）
いり白ごま …………………… 大さじ1
1人分386kcal　食塩相当量0.9g

※1 米1合（150g）分。
※2 アナゴのかば焼きを細切りにしたもの。「刻みアナゴ」などの商品名で販売されている。

作り方
❶ さやえんどうはへたと筋を除き、熱湯でさっとゆでて水にとり、水けをきって斜めに細く切る。
❷ 温かいごはんに万能酢を加え、しゃもじで切るように混ぜる。
❸ アナゴ、さやえんどう、ごまを加えてさっくりと混ぜる。

万能酢
まとめ作り

酸味と甘味と塩けのバランスが絶妙な万能酢。身近な材料で作れて、冷蔵で日もちするので、ストックしておくと重宝します。こんぶだしを使うと、雑味が少なく上品な味に。好みでほかのだしでも◎

大6 酢　大4 砂糖　小1 塩　大6 こんぶだし

材料／作りやすい分量（でき上がり約250mL）

酢	大さじ6
砂糖	大さじ4
塩	小さじ1
こんぶだし	大さじ6

大さじ1で10kcal　食塩相当量0.4g

作り方

❶ 小なべにすべての材料（写真A）を入れ、火にかける。
❷ 静かに煮立たせ（写真B）、ふつふつと沸騰してきたら（写真C）火を消し、さめるまでおく。
・冷蔵で1か月保存できる。

酢ベース　万能酢　まとめ作り

105

酢ベース
ポン酢しょうゆ

まとめ作り

身近な材料でできる、作りたてのポン酢しょうゆ。柑橘類(かんきつるい)の種類をかえられるのも手作りならでは。

酢	しょうゆ	みりん	ゆず果汁
大4	大4	大2	大2

➡ でき上がり 約180mL

耐熱容器に全材料を入れ、ラップをしないで電子レンジ（600W）で1分加熱する（ゆず果汁は、すだち果汁、レモン果汁などに変更可能。レモンは少し酸味がきつくなる）。
大さじ1で10kcal　食塩相当量0.9g

・写真はいずれも2人分

酢ベース ポン酢しょうゆ

赤とうがらしでピリ辛に。
薄切り肉だから火の通りも早い。

豚肉の南蛮漬け

大2 ポン酢しょうゆ ＋ 大4 だし
赤とうがらし

材料／2人分
豚ロース薄切り肉 ……………… 150g
かぼちゃ …………………… 皮つき80g
かたくり粉 ……………………………… 適量
｜ポン酢しょうゆ ……………… 大さじ2
｜だし ………………………………… 大さじ4
｜赤とうがらし（小口切り）…… 1/2本
揚げ油

1人分308kcal　食塩相当量1.0g

作り方
❶ 豚肉は4cm長さに切り、かぼちゃは1cm厚さのいちょう切りにする。それぞれかたくり粉を薄くまぶしつける。
❷ バットにポン酢しょうゆ、だし、赤とうがらしを混ぜ合わせる。
❸ 揚げ油を180℃に熱し、豚肉を入れて2～3分、かぼちゃを入れて3～4分、カラリと揚げる。
❹ 揚げたてを❷に浸し、あら熱がとれるまでおく。

まとめ作り

手軽なフライパン焼きに。
汁ごと盛りつけてしっとりと。

サケの焼き浸し

材料／2人分
｜生ザケ …………… 2切れ（200g）
｜小麦粉 ……………………………… 適量
れんこん ………………………… 100g
サラダ油 ……………………… 大さじ1
｜ポン酢しょうゆ ……………… 大さじ2
｜だし ………………………………… 大さじ4

1人分242kcal　食塩相当量1.2g

作り方
❶ サケは1切れを2つずつに切り、小麦粉を薄くまぶしつける。れんこんは5～6mm厚さの半月切りにする。
❷ バットにポン酢しょうゆとだしを混ぜ合わせる。
❸ フライパンに油を中火で熱し、サケとれんこんを入れて3分焼き、裏返して弱火にし、ふたをして2～3分焼いて火を通す。
❹ 焼きたてを❷に浸し、あら熱がとれるまでおく。

番外編

酢ベース
いろいろドレッシング

大さじ小さじの黄金比ではないけれど、
サラダなどに合うドレッシングの作り方を特別にご紹介。
香辛料や香味野菜をプラスすると味変が楽しめます。

基本のドレッシング

材料と作り方（でき上がり約180mL）

ボールに酢1/3カップ、砂糖・塩各小さじ1、こしょう少量を入れてよくかき混ぜる。オリーブ油1/2カップを少量ずつ加え、さらにかき混ぜる。

・冷蔵で2週間保存できる。
大さじ1で69kcal　食塩相当量0.5g

番外編　酢ベース　いろいろドレッシング

クミンでカレーの香りをほのかに添えて。

キャロットラペ クミン風味

材料／2人分

にんじん	100g
塩	ミニスプーン1
オレンジ	1個（120g）
基本のドレッシング	大さじ1
クミン（ホール・乾）※	ミニスプーン1
くるみ	2個（16g）
パセリ（みじん切り）	少量

1人分134kcal　食塩相当量0.6g
※カレー粉少量で代用可能。

大1 ドレッシング ＋ ミニ1 クミン

作り方

❶ にんじんは斜めに薄く切り、さらにせん切りにする。塩をふり混ぜ、しんなりとなったら汁けを絞る。

❷ オレンジはボールの上で皮をむき、袋をとり除いて果肉をとり出す。ボールに落ちた果汁と果肉を合わせる。

❸ クミンはから煎りする。くるみは殻から出してから煎りし、砕く。

❹ ❷のボールに❸とドレッシングを加えて混ぜ、❶を加えてあえる。

・冷蔵で3〜4日もつ。2倍量作って常備菜にしても。

粒マスタードで味にめりはりをつけます。

豆のマリネ

材料／2人分

ミックスビーンズ（ドライパックまたは缶詰め）	50g
パプリカ（赤）	1/4個（25g）
きゅうり	1/4本（25g）
基本のドレッシング	大さじ1
粒入りマスタード	小さじ2

1人分85kcal　食塩相当量0.5g

大1 ドレッシング ＋ 小2 粒マスタード

作り方

❶ パプリカはへたと種を除いて約1cm角に切る。きゅうりは1cmのさいの目に切る。

❷ ミックスビーンズとパプリカは熱湯でさっとゆで、ざるにあげて湯をきり、さめるまでおく。

❸ ボールにドレッシングと粒マスタードを入れて混ぜ合わせ、❷ときゅうりを加えてあえる。

・冷蔵で3〜4日もつ。2倍量作って常備菜にしても。

・写真は2人分

フランスの地名がついた具だくさんサラダ。
オリーブの実の塩漬けやアンチョビーが特徴です。

ニソワーズサラダ

大さじ2 ドレッシング ＋ にんにく ／ アンチョビー

材料／2人分

じゃが芋 ················ 1個（150g）
トマト ···················· 1個（190g）
さやいんげん ············ 6本（42g）
かたゆで卵 ························· 1個
ツナ油漬け缶詰め ······ 小1缶（70g）
黒オリーブの実の塩漬け（スライス）
 ···································· 10g
 基本のドレッシング（109ページ）
 ································ 大さじ2
 にんにく（すりおろす） ········· 少量
 アンチョビー（刻む） ············ 1枚

1人分273kcal　食塩相当量1.2g

作り方

❶ じゃが芋は皮をよく洗い、8等分に切る。耐熱容器に入れ、ラップをかけて電子レンジ（600W）で4分加熱する。皮を除き、さめるまでおく。

❷ トマトはくし形に切る。いんげんは筋を除いて熱湯でゆで、縦に裂いて3〜4cm長さに切る。卵は殻をむいて6等分のくし形に切る。ツナは缶汁をきる。

❸ ドレッシング、にんにく、アンチョビーは混ぜ合わせる。

❹ 器にじゃが芋、❷を盛り合わせてオリーブを散らし、❸のドレッシングをかける。

・写真は2人分

番外編 / 酢ベース / いろいろドレッシング

おもてなしにも向くカルパッチョ。
基本のドレッシングがあればすぐに作れます。

カルパッチョ

大さじ2 ドレッシング ＋ 大さじ1 おろし玉ねぎ

材料／2人分

白身魚（タイなど・刺し身用さく）
………………………………… 100g
　基本のドレッシング（109ページ）
　………………………………… 大さじ2
　玉ねぎ（すりおろす）………… 大さじ1
あらびき黒こしょう ……………… 少量
ルッコラ ……………………………… 10g

1人分138kcal　食塩相当量0.5g

作り方

❶ 白身魚は薄いそぎ切りにする。
❷ 玉ねぎは耐熱容器に入れ、ラップをかけずに電子レンジ（600W）で30秒加熱する。さめたらドレッシングと混ぜ合わせる。
❸ 器に❶の刺し身を並べる。❷のドレッシングをかけ、こしょうをふる。真ん中にルッコラをのせる。

献立例 ➡12〜111ページでご紹介した料理を中心に組み合わせた献立です。

昼食向き

パパッと準備して食べたいときは、2品献立がおすすめです。

例1 ポイント
親子丼は塩分が多めなので、塩分のない果物を組み合わせます。

- 親子丼（17ページ）
- 果物（オレンジやキウイフルーツなど）

例2 ポイント
あんかけ焼きそばの具にない海藻類を使ったスープを組み合わせます。

- あんかけ焼きそば（72ページ）
- わかめのスープ

例3 ポイント
焼きうどんに足りないたんぱく質を、スープの卵でおいしく補います。

- 焼きうどん（76ページ）
- かきたまスープ

例4 ポイント
スパゲティは食べごたえはありますが、野菜が不足ぎみ。さっぱり味のグリーンサラダがよく合います。

- スパゲティナポリタン（85ページ）
- グリーンサラダ

例5 ポイント
主菜も兼ねるボリュームサラダと主食のパンで献立がととのいます。

- コブサラダ（89ページ）
- パン

例6 ポイント
トマト、ツナ、卵のサラダにパンを添えて。トーストしたパンにのせて食べてもおいしい！

- ニソワーズサラダ（110ページ）
- パン

お弁当 向き

さめてもおいしいおかずを組み合わせて。
あえ物やお浸しは、汁けをよくきって入れます。

例 1

- 主菜がしょうゆ味なので、副菜にはみそ味や酢の物など、そのほかの味を組み合わせます。
- 副菜の野菜は彩りよく、食感もさまざまにすると楽しい。調理法の重なりに注意します。
- 紅白なますは、汁けをよくきってお弁当に入れましょう。

- **鶏肉の照り焼き**（15 ページ）
- **なべしぎ**（53 ページ）
- **紅白なます**（103 ページ）
- **ごはん**

鶏肉の照り焼きは豚肉のしょうが焼き（13 ページ）やサケの柚庵焼き（18 ページ）に変更しても。また、紅白なますの代わりにきゅうりとわかめの酢の物（103 ページ）も合います。

例 2

- 主菜がみそ味の魚料理なので、副菜には、甘味と噛みごたえのあるきんぴらと、さっぱりとした酢の物を組み合わせます。
- 副菜には緑黄色野菜、淡色野菜を組み合わせると、栄養バランスもよくなります。

- **サワラの西京焼き風**（44 ページ）
- **きんぴらごぼう**（25 ページ）
- **きゅうりとわかめの酢の物**（103 ページ）
- **ごはん**

サワラの西京焼き風は鶏肉のみそマヨ焼き（63 ページ）に、きんぴらごぼうはひじき煮（23 ページ）にかえてもおいしい。

夕食 向き

さめてもおいしいものと、温かいままで食べたいものを組み合わせると、準備も楽です。

例 和風献立

ポイント
- 主菜がしょうゆ味なので、副菜にはみそ味や酢味を組み合わせます。
- 主菜の焼き物に、揚げなす田楽の油のこくが合います。酢の物であと味さっぱりと。

- 豚肉のしょうが焼き（13ページ）
- 揚げなす田楽（59ページ）
- 紅白なます（103ページ）
- ごはん

例 洋風献立

ポイント
- 主菜の鶏肉のトマト煮は、同じトマト煮のポークチャップ（81ページ）にしてもOKです。
- 主菜で野菜がとれるので、副菜には、意識して食べたい豆を使った一品を組み合わせます。
- 主食はゆでたペンネにするのもおすすめ。

- ● **鶏肉のトマト煮**（83ページ）
- ● **豆のマリネ**（109ページ）
- ● **ごはん**

例 中国風献立

ポイント
- 主菜がみそ味で、いためる料理なので、副菜はそのほかの味のものに。調理法も重ならないようにします。
- できれば汁物などで緑黄色野菜を補いたい。アクのない青梗菜は手軽に調理できる便利な野菜です。
- 麻婆豆腐はエビマヨいため（87ページ）にかえるのもおいしい。

- ● **麻婆豆腐**（54ページ）
- ● **なすの揚げ浸し**（25ページ）
- ● **青梗菜のスープ**
- ● **ごはん**

レシピの常識を変えた計量器
大さじ 小さじ 誕生秘話

「大さじ」「小さじ」の名称でおなじみの計量スプーンと、200mL容量の計量カップ。これらの計量器の登場で、いつでもだれでも、同じ料理が作れるようになりました。女子栄養大学創立者の香川 綾は、バラバラだった料理の計量器の統一を目指し、計量カップ・スプーンの製品開発に尽力。その普及に大きく貢献しました。

1948（昭和23）年ごろに作られた、計量カップ・スプーンの試作品。

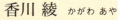

香川 綾 かがわ あや

東京女子医学専門学校（現東京女子医科大学）を卒業後、東京帝国大学（現東京大学）医学部の島薗内科学教室に入局。医師であり恩師の島薗順次郎の「病気を予防するのが医者の使命」との言葉に感銘を受け、黎明期の栄養学に進むことを決意する。女子栄養大学創立。1997（平成9）年、98歳で逝去。

"秘伝とコツ"の作り方を数値に表わす

医学と栄養学を結びつけて考える人がいなかった昭和初期、国民病であった脚気とビタミンB₁の関係から、医師であり、綾の恩師である島薗順次郎は病気と栄養問題に早くから着目していました。綾は島薗から「病人がおいしく食べられるよう、病院の食事の改革を」とテーマを与えられ、研究の合間を縫って料理学校に通います。「病院の食事を研究しようにも、料理名や調理法がわからなければ記録することさえできない」と考えたからでした。東京にも、料理学校は2校ほどしかなかった時代です。

20歳のころの綾。14歳で最愛の母を亡くし、「小さな子が自分のような思いをしないように」と医師を志す。当時は女医がほとんどいなかった。

「朝のうちは研究室で仕事をし、午後になると白衣を脱ぎ捨てて、徒歩で急いで料理学校に向かいました。生徒は『あそばせ』言葉を使う、高島田姿の良家の令嬢ばかり。私のような、洋服を着て髪をうしろで丸めた"女書生っぽ"は珍しい雰囲気でした」

当時の料理の伝授法はていねいでしたが、記録をとろうにも「ころ合いの火加減」「ほどほどに加えて、味わっておいしいお味に」など秘伝とコツに包まれていて、わからないことばかり。料理の素人が、教わった料理を家で作ろうとしても、うまくいかないように思われました。

この、「ころ合い」「ほどほどに」を、だれもが簡単にまねできるようにしたいと考えた綾は、習ったばかりの料理をお弁当箱に入れて研究室に持ち帰り、その日のうちにもう一度、自分で作ってみることにしました。習ったのと同じ味になるように、分量、時間、火加減、調味料の割合などをすべて計算し、記録しながら作ってみました。

こうして記録をとり始めてひと月、ふた月たつうちに、気づくことがありました。たとえば、食材と料理法には関係があり、「一つの料理をじょうずに作るコツが、ほかの多くの料理にも通じる」ということ。また、味のポイントは塩分にあり、「みんながおいしいと感じる食事の味は、体液中の塩分と同じ0.9％の濃度である」ことでした。

健康のために、だれもが作れるレシピを

「料理を計量で作るおもしろい女医がいる」と話題になり、1930（昭和5）年5月、綾は女子高等師範学校（現お茶の水女子大学）に招かれて講習会を開きました。1人分は何g、調味料は何％、何分煮て、という教授法はこれまでになく、講習会の反響もさまざまでした。「おもしろい発想だ」という声の反面、「料理にははかりしれない多くの要素があり、計量化でおいしいものは作れない」という意見が大半でした。

それでも綾は、「健康な体をつくるには、だれもが同じ料理を作れるようにしなければならない。それには、料理を計量化して示すほかない」と信じていました。

「料理の作り手のそばにいて、実際に味わって舌で覚え、何回も作ってみるのも一つの方法です。これが、親から子に伝わる家庭の味ですが、習得には長い時間が必要です。料理の作り方を伝授する方法としてだけでなく、自分で再現して記憶するためにも、できるだけあいまいな要素を除き、なにか頼りになる基準を見つけたいと思いました」

島薗内科時代。白米を食べ慣れた人たちに、ビタミンB₁が豊富な胚芽米をおいしく食べて脚気を予防してもらうよう、研究室に調理台を作ってごはんの炊き方を科学的に調べた。

大さじ 小さじ 誕生秘話

1人分は何g、調味料は何%、何分煮て、と計量化して料理の作り方を表わすことに賛否両論ある中、統一された計量器「大さじ」「小さじ」の必要性が出てきます。

グラム、匁、オンスにポンド。料理の"物差し"がバラバラに……！

香川 綾は、島薗内科学教室に勤めていた昭和初期から一貫してメートル法（長さの単位であるmと、質量の単位であるkgを基準とした単位系）を用いていましたが、戦争中は、敵国のメジャーを排して尺貫法（長さは尺、質量は貫、体積は升と定義された、日本古来の計量法）の使用が定められました。それが戦後になると、医学も科学もすべてメートル法に統一。学校教育でもメートル法がとり入れられるようになりましたが、料理関係のものは統一されないままで、「グラム（g）」と「匁（1匁＝3.75ｇ）」が混在している状態でした。

そのうち、アメリカやイギリスのポンドやオンスも使われるようになり、綾は、「料理の物差し」が統一できなくなると危機感を覚えます。教える人によって物差しが異なれば習う人もたいへんで、至る所に混乱が生じてしまいます。

「私は二つのことを考えました。一つは料理の物差しをメートル法に統一すること。もう一つは、私がとり組んできた計量化による調味の割合の味つけを根づかせること。この二つを満たすために、計量カップと計量スプーンを作ろうと思ったのです」

そのころは、30mLのテーブルスプーン、15mLのデザートスプーン、5mLのティースプーンが計量に使われていましたが、正式に決められたものではなく、誤差もありました。また計量カップのようなものはなく、尺貫法の1合や1升が使われていたので、これもメートル法に切りかえて使いやすいものを作りたいと綾は考えました。

そこで、1948（昭和23）年の春、綾は教え子を頼ってステンレス工業の盛んな新潟県燕市に出かけ、職人にかけあって200mLの計量カップ

119

と、30・15・5mLの計量スプーンを作りました。その後、普及させるには計量器の種類は少ないほうがよいと考え、当時の文部省や農林省の担当者と相談し、計量カップと、計量スプーンは15mLと5mLにしました。

> 「計量カップ・スプーンを使えば、料理ノートを見ながら、だれでも同じ味が作れるというわけです。塩や砂糖も計量スプーンで計ればとりすぎることがなく、病気の予防にもなります。計量カップ・スプーンは、料理と健康を結びつける道具でもありました」

計量カップ・スプーンの利点は、最初はなかなか理解されませんでした。料理番組を放送するテレビ局の関係者にその重要性を説明してまわったり、『栄養と料理』（写真左）の誌上や料理講習会で使用を促したりしました。その努力が功を奏し、少しずつ、計量カップ・スプーンが広まっていきました。

そして1959（昭和34）年——第二次世界大戦後10年以上を経て、グラムと匁の併用をやめてグラムだけが使われるようになり、ようやく、料理の物差しが統一されました。

また、綾が昭和初期に手がけた、作り方を計量化して示した「料理カード」（写真右）が、作り方を伝える方法として、また、だれもが目安にできる基本として認められるようになったのも、ちょうどそのころでした。

現在も刊行！

1935（昭和10）年6月には『栄養と料理』を創刊。栄養と料理の知識を一般に広めるため、家庭食養研究会での講義内容をまとめた。

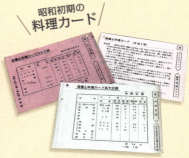

昭和初期の料理カード

綾が1933（昭和8）年に立ち上げた家庭食養研究会（女子栄養大学の前身）に講師として一流の料理人を招き、調理法や手順を丹念に記録。それを紙上に再現した「料理カード」も作り始める。

「実践なき理論は空しい
理論なき実践は発展しない」

「実践」は綾がいちばん好きな言葉だった。
写真は1954（昭和29）年、実習室にて。
栄養学の実践に情熱を燃やし、日本人の栄養
と健康のために尽くした人生だった。

最新の計量カップ・スプーン。
じょうぶで半透明のポリカーボネート樹脂製で、
電子レンジ加熱もできる。

出典：「創立者香川昇三・綾の軌跡」、
「食は生命なり―栄養学と香川綾の
生涯」（ともに香川昇三・綾記念展
示室）、『栄養学と私の半生記』（女
子栄養大学出版部）

栄養成分値一覧

・「日本食品標準成分表 2020 年版（八訂）」（文部科学省）に基づいて算出しています。
・食品成分のデータがない食品は、それに近い食品（代用品）で算出しました。
・特に記載がない場合は、1人分あたりの成分値です。
・たんぱく質は「アミノ酸組成によるたんぱく質」、そのデータがないものは「たんぱく質」のデータを用いて算出しました。
・脂質は「脂肪酸のトリアシルグリセロール当量」、そのデータがないものは「脂質」のデータを用いて算出しました。
・炭水化物は「利用可能炭水化物（質量計）」、あるいは「差引き法による利用可能炭水化物」のデータを用いて算出しました。

	ページ	料理名	エネルギー (kcal)	たんぱく質 (g)	脂質 (g)	炭水化物 (g)	食塩相当量 (g)
		照り焼き味					
	13	豚肉のしょうが焼き	355	18.7	24.5	10.1	1.4
	14	牛肉とごぼうの甘辛煮	318	11.4	24.4	5.1	1.4
	15	鶏肉の照り焼き	318	22.0	22.7	4.4	1.6
	16	肉じゃが	251	8.8	15.3	16.3	1.5
	17	親子丼	669	29.7	19.8	82.9	3.2
	18	サケの柚庵焼き	183	19.6	7.6	2.8	1.5
	19	サバの利久煮	233	15.3	14.1	3.2	1.6
しょうゆベース	20	キンメダイの煮つけ	190	15.6	7.9	4.8	1.4
	21	刺し身の漬け丼	443	20.8	2.5	73.9	1.6
	23	ひじき煮	36	1.2	1.8	1.9	0.7
	23	きのこのしぐれ煮	27	1.2	0.1	2.4	0.7
	25	きんぴらごぼう	74	1.1	3.4	2.6	0.7
	25	なすの揚げ浸し	171	1.6	14.3	5.6	1.4
	26	小松菜の卵とじ	97	7.0	4.7	3.0	1.6
	27	味玉（1個分）	81	6.0	4.7	1.6	0.9
	28	肉豆腐	485	29.9	31.2	9.7	2.8
	29	鶏肉と根菜の炊き込みごはん	385	13.5	7.4	60.5	1.5
		から揚げ味					
	31	鶏肉のから揚げ	512	26.2	37.8	14.2	1.6
	32	ブリのから揚げ	358	19.2	24.8	5.5	1.4
	33	カツオのから揚げ	275	21.5	14.6	7.1	1.4

	ページ	料理名	エネルギー (kcal)	たんぱく質 (g)	脂質 (g)	炭水化物 (g)	食塩相当量 (g)
しょうゆベース	**万能しょうゆ**						
	35	だし巻き卵	202	11.5	15.1	1.1	0.9
	36	ほうれん草とえのきたけの煮浸し	23	1.5	0.1	1.2	0.5
	37	菜の花のからしあえ	32	2.9	0.1	0.9	0.5
	38	グリーンアスパラガスのごまあえ	49	2.4	2.5	2.5	0.4
みそベース	**西京みそ味**						
	41	豚肉のみそ漬け焼き	269	18.5	19.2	1.5	1.2
	42	鶏肉のみそヨーグルトいため	292	20.4	20.2	3.4	1.3
	43	ラム肉のガーリックみそいため	304	16.5	21.9	4.4	1.3
	44	サワラの西京焼き風	186	19.3	9.2	2.2	1.3
	45	カジキのヨーグルトカレーいため	248	17.5	13.3	6.9	1.4
	47	スティック野菜のヨーグルトディップ添え	35	1.7	0.8	4.0	1.1
	47	長芋のぬか漬け風	108	3.4	0.6	20.0	0.6
	麻婆味						
	49	肉みそ	205	12.7	15.3	2.7	0.9
	50	チーズタッカルビ風	352	22.3	23.9	9.4	2.0
	51	サケとキャベツのみそバターいため	245	22.0	8.9	11.7	1.9
	53	なべしぎ	141	4.0	11.1	4.0	0.8
	53	里芋のみそいため	158	3.0	7.3	16.6	1.6
	54	麻婆豆腐	320	19.9	21.2	8.1	2.6
	55	麻婆はるさめ	308	10.3	14.6	28.5	2.3
	田楽みそ（まとめ作り）						
	57	ふろふき大根	58	1.4	0.4	8.6	1.3
	57	大根の皮のきんぴら（全量）	38	0.6	2.5	2.2	0.5
	58	田楽豆腐	145	10.9	7.2	7.3	0.9
	59	揚げなす田楽	152	1.5	10.2	11.3	0.9
	60	みそこんにゃく	42	1.0	0.6	6.2	1.3
	61	田楽みそ（大さじ1）	53	1.3	0.7	9.1	1.4

	ページ	料理名	エネルギー (kcal)	たんぱく質 (g)	脂質 (g)	炭水化物 (g)	食塩相当量 (g)
みそベース		**みそマヨ味**					
	63	鶏肉のみそマヨ焼き	190	18.5	10.4	1.1	1.3
	64	タイのみそマヨホイル焼き	246	20.4	12.8	4.9	1.6
	65	じゃが芋とブロッコリーのホットサラダ	121	4.1	5.4	12.8	1.3
	66	厚揚げとかぶのみそマヨいため	256	12.5	19.6	4.6	1.3
オイスターソースベース		**チンジャオ味**					
	69	チンジャオロースー	254	14.2	15.4	6.3	1.8
	70	春巻き	593	17.9	43.3	4.6	2.3
	71	シーフードと白菜のいため物	159	12.8	6.2	5.9	2.7
	72	あんかけ焼きそば	552	19.8	26.8	49.0	2.5
	73	レタスと卵のいため物	272	12.5	21.0	2.1	2.2
		オイマヨ味					
	75	豚しゃぶ	261	15.2	18.3	0.6	1.3
	76	焼きうどん	428	19.4	17.0	41.0	2.3
	77	カキとれんこんのピリ辛オイマヨいため	259	8.7	12.1	19.7	2.7
トマトケチャップベース		**ハンバーグソース味**					
	81	ポークチャップ	394	16.0	28.8	12.6	1.5
	82	ハンバーグ	371	16.2	27.3	9.8	1.9
	83	鶏肉のトマト煮	298	18.8	19.8	9.1	1.5
	84	スペアリブのマーマレード焼き	580	16.9	47.9	15.2	1.6
	85	スパゲティナポリタン	531	15.0	19.8	67.1	3.1
		オーロラソース味					
	87	エビマヨいため	205	16.9	10.5	6.9	1.0
	89	コブサラダ	174	7.7	11.6	5.4	0.9
	89	コールスロー	55	1.5	2.9	4.4	0.6
	90	フライドポテト　オーロラソース添え	157	1.7	10.2	17.1	0.9

ページ	料理名	エネルギー(kcal)	たんぱく質(g)	脂質(g)	炭水化物(g)	食塩相当量(g)
	甘酢味					
93	酢豚	424	15.6	30.1	16.7	1.9
94	あんかけカニたま	320	15.5	21.1	8.2	2.6
95	タラの甘酢あんかけ	241	15.6	11.8	11.7	2.1
	酢みそ味					
97	マグロの酢みそあえ	156	16.7	5.6	5.5	1.2
99	竹の子の酢みそあえ	54	2.9	0.6	5.2	1.4
99	ホタルイカとうどのからし酢みそかけ	85	7.2	1.4	4.2	1.5
	万能酢（まとめ作り）					
101	鶏手羽元の甘酢煮	330	22.9	22.2	8.0	1.4
103	きゅうりとわかめの酢の物	16	0.7	0.1	2.1	0.8
103	紅白なます	32	0.3	0	6.2	0.9
104	アナゴちらし	386	11.6	7.9	59.9	0.9
105	万能酢（大さじ1）	10	0	0	2.1	0.4
	ポン酢しょうゆ（まとめ作り）					
106	ポン酢しょうゆ（大さじ1）	10	0.4	0	0.9	0.9
107	豚肉の南蛮漬け	308	13.9	19.6	14.1	1.0
107	サケの焼き浸し	242	20.5	9.6	11.9	1.2
	いろいろドレッシング（番外編）					
109	基本のドレッシング（大さじ1）	69	0	7.4	0.2	0.5
109	キャロットラペ　クミン風味	134	1.8	9.5	7.5	0.6
109	豆のマリネ	85	2.4	4.8	5.4	0.5
110	ニソワーズサラダ	273	9.9	18.0	14.9	1.2
111	カルパッチョ	138	9.4	9.8	0.8	0.5

酢ベース

主材料別索引

●主菜

ページ	豚肉
13	豚肉のしょうが焼き
41	豚肉のみそ漬け焼き
49	肉みそ
55	麻婆はるさめ
70	春巻き
75	豚しゃぶ
81	ポークチャップ
84	スペアリブのマーマレード焼き
93	酢豚
107	豚肉の南蛮漬け

ページ	牛肉
14	牛肉とごぼうの甘辛煮
69	チンジャオロースー
82	ハンバーグ

ページ	鶏肉
15	鶏肉の照り焼き
31	鶏肉のから揚げ
42	鶏肉のみそヨーグルトいため
50	チーズタッカルビ風
63	鶏肉のみそマヨ焼き
83	鶏肉のトマト煮
101	鶏手羽元の甘酢煮

ページ	ラム肉
43	ラム肉のガーリックみそいため

ページ	卵
27	味玉
35	だし巻き卵
73	レタスと卵のいため物
94	あんかけカニたま

ページ	豆腐・豆腐製品
28	肉豆腐
54	麻婆豆腐
58	田楽豆腐
66	厚揚げとかぶのみそマヨいため

ページ	魚
18	サケの柚庵焼き
19	サバの利久煮
20	キンメダイの煮つけ
32	ブリのから揚げ
33	カツオのから揚げ
44	サワラの西京焼き風
45	カジキのヨーグルトカレーいため
51	サケとキャベツのみそバターいため
64	タイのみそマヨホイル焼き
71	シーフードと白菜のいため物
77	カキとれんこんの ピリ辛オイマヨいため
87	エビマヨいため
95	タラの甘酢あんかけ
97	マグロの酢みそあえ
107	サケの焼き浸し
111	カルパッチョ（白身魚）

●副菜

ページ	緑黄色野菜
26	小松菜の卵とじ
36	ほうれん草とえのきたけの煮浸し
37	菜の花のからしあえ
38	グリーンアスパラガスのごまあえ
89	コブサラダ
109	キャロットラペ　クミン風味
110	ニソワーズサラダ

ページ	淡色野菜
25	きんぴらごぼう
25	なすの揚げ浸し
47	スティック野菜の ヨーグルトディップ添え
53	なべしぎ
57	ふろふき大根
57	大根の皮のきんぴら
59	揚げなす田楽
89	コールスロー
99	竹の子の酢みそあえ
99	ホタルイカとうどのからし酢みそかけ
103	きゅうりとわかめの酢の物
103	紅白なます

ページ	芋
16	肉じゃが
47	長芋のぬか漬け風
53	里芋のみそいため
60	みそこんにゃく
65	じゃが芋とブロッコリーの ホットサラダ
90	フライドポテト　オーロラソース添え

ページ	豆
109	豆のマリネ

ページ	海藻
23	ひじき煮

ページ	きのこ
23	きのこのしぐれ煮

●ごはん・めん

ページ	
17	親子丼
21	刺し身の漬け丼
29	鶏肉と根菜の炊き込みごはん
72	あんかけ焼きそば
76	焼きうどん
85	スパゲティナポリタン
104	アナゴちらし

●調味料（まとめ作り）

ページ	
61	田楽みそ
105	万能酢
106	ポン酢しょうゆ
109	基本のドレッシング

牧野直子　まきのなおこ

管理栄養士、料理研究家。スタジオ食(くう)主宰。
女子栄養大学卒業。「より健康でいるための食生活や栄養の情報提供」および「家族みんなが楽しめる、簡単でおいしい、栄養充実のレシピの提案」をモットーにする。自身も健康でいるために、栄養バランスのよい食事や運動習慣をとり入れ、なにごとも前向きに楽しんでいる。余暇には会食やホームパーティの場を設けたり、さまざまなジャンルのライブや舞台鑑賞に出かけたり。草木や花、空の様子で季節を感じるランニングもたいせつなひとときである。著書・共著書多数。

デザイン・イラスト ● 横田洋子
撮影 ● 柿崎真子
スタイリング ● 本郷由紀子
調理アシスタント ● 徳丸美沙（スタジオ食）
栄養計算 ● スタジオ食
校閲 ● くすのき舎
編集協力 ● 大塚博子

大さじ小さじで味を決める
救世主レシピ
2024年10月5日　初版第1刷刊行

著　者 ● 牧野直子
発行者 ● 香川明夫
発行所 ● 女子栄養大学出版部
　　　　〒170-8481
　　　　東京都豊島区駒込3-24-3
　　　　電話　03-3918-5411（販売）
　　　　　　　03-3918-5301（編集）
ＵＲＬ ● https://eiyo21.com/
印刷・製本 ● シナノ印刷株式会社

＊乱丁本・落丁本はお取り替えいたします。
＊本書の内容の無断転載、複写を禁ずます。また、本書を代行業者等の第三者に依頼して電子複製を行うことは一切認められておりません。

ISBN 978-4-7895-4509-9

Ⓒ Makino Naoko 2024, Printed in Japan